不学礼，无以立。

——孔子

二十几岁不可不知的社交礼仪常识

迟双明 编著

成都时代出版社
CHENGDU TIMES PRESS

图书在版编目（CIP）数据

二十几岁不可不知的社交礼仪常识 / 迟双明编著 .-- 成都：成都时代出版社，2018. 1（2023. 10重印）
ISBN 978-7-5464-1863-6
Ⅰ. ①二… Ⅱ. ①迟… Ⅲ. ①社交礼仪—青年读物 Ⅳ. ① C912.12-49
中国版本图书馆 CIP 数据核字（2017）第 147029 号

二十几岁不可不知的社交礼仪常识
ERSHIJISUI BUKEBUZHI DE SHEJIAOLIYI CHANGSHI
迟双明　编著

出品人	达　海
责任编辑	张　旭
责任校对	周　慧
装帧设计	范　磊
责任印制	黄　鑫　陈淑雨
出版发行	成都时代出版社
电　话	（028）86621237（编辑部）
印　刷	天宇万达印刷有限公司
规　格	710mm × 1000mm　1/16
印　张	17
字　数	260 千字
版　次	2018 年 1 月第 1 版
印　次	2023年10月第2次印刷
印　数	8001-28000
书　号	ISBN 978-7-5464-1863-6
定　价	68.00 元

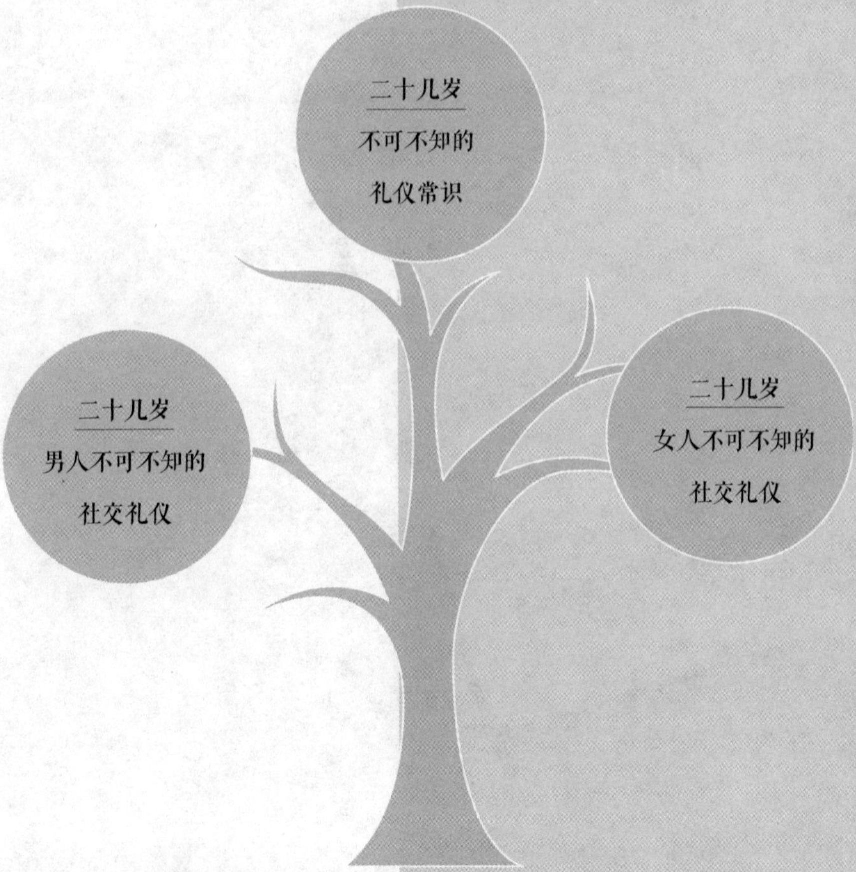
二十几岁
不可不知的
礼仪常识
二十几岁
男人不可不知的
社交礼仪
二十几岁
女人不可不知的
社交礼仪

本书概要

1. 无礼不立：二十几岁要学的交际礼仪
2. “宾宾”有礼：二十几岁要学的待客礼仪
3. 有“礼”有“距”：二十几岁要学的职场礼仪
4. “礼”益共享：二十几岁要学的商务礼仪
5. “礼”行天下：二十几岁的你不可不知的涉外礼仪
6. 家庭礼仪：美好生活有“礼”更精彩
7. 有“礼”有面：二十几岁男人必懂的形象礼仪
8. 大“雅”君子：二十几岁男人必懂的修养礼仪
9. 以“礼”服人：二十几岁男人必懂的言谈礼仪
10. 杯杯有“礼”：二十几岁男人必懂的应酬礼仪
11. “礼”上添花：二十几岁女人必懂的形象礼仪
12. 美“礼”动人：二十几岁女人必懂的举止礼仪
13. “礼”聚一堂：二十几岁女人必懂的聚会礼仪
14. 谈吐有度：二十几岁女人必懂的言谈礼仪

前 言

PREFACE

什么是礼仪？礼仪是指通过一定约定俗成的程序方式敬人律己的过程，主要包括服饰穿着、说话做事等方面内容。通过一个人的内在素养和外在表现，可以看出一个人是否知礼仪、懂礼仪。礼仪是人际交往中的一种方式，更是一种社交艺术。

中国是一个文明古国，素有“礼仪之邦”的美称。几千年的灿烂文化培养形成了中华民族高尚的道德，也形成了一整套完善的礼仪制度。礼仪体现了一个民族的精神风貌和凝聚力，文明礼貌程度也是衡量一个国家和民族是否发达的标准之一。

礼仪能够提升一个人的内在素养和外在素质。所谓“修身、齐家、治国、平天下”，由此可见，从古时候的人开始就注重修身，并把修身当作一个人的根本。如果一个人在公共场合，不讲究穿着礼仪，不懂谈话礼仪，很容易闹出大笑话，不利于个人良好形象的建立。反之，一个懂礼貌、讲礼仪的人无论到哪儿都会受到人们的欢迎，成为万众瞩目的焦点。

礼仪涉及很多方面，包括说话、做事、穿衣、打扮。懂礼仪能让你生活在幸福之中。在家庭方面，懂礼仪能让夫妻和睦、父慈子孝；在工作中，懂礼仪可以得到领导重视、同事的欣赏，获得事业的节节攀升。总之，礼仪是家庭幸福美满的根基，是事业发展的关键，是社会人际交往的润滑剂和黏合剂，对人的一生有莫大的影响和帮助。

在当今社会，礼仪对二十几岁的年轻人同样起着非常重要的作用。掌握必要的社交礼仪知识，对于提高年轻人的礼仪修养和个人魅力将起到积极的促进作用。本书从仪表、举止、言谈、涉外、家庭、应酬等方面概括和总结了实用的社交礼仪知识，旨在给二十几岁即将踏入社会的年轻人提供必要的支持和帮助，教会二十几岁的年轻人懂得怎样塑造个人形象、怎样与人交往、怎样求职应聘、怎样培养自己的人脉、怎样展现自己、怎样赢得机遇等。

CONTENTS

目录

上篇
二十几岁不可不知的礼仪常识

下篇

二十几岁女人不可不知的社交礼仪

上篇

二十几岁不可不知的礼仪常识

在美的方面，相貌之美，高于色泽之美，而温文儒雅的动作之美，又高于相貌的美。

——歌德

第 1 章

无礼不立：二十几岁要学的交际礼仪

人际关系是通过人与人之间的交往表现出来的。若想这些交往能够正常进行，就需要人们用一定的行为规范来调节、增进和约束彼此间的关系。随着国际交往的日益发展，交往礼仪越来越成为人们在社会生活中不可缺少的礼节。

介绍中的大学问——介绍礼仪

介绍是指个人或单位在应酬交往过程中，为了使交往对象彼此互相有所了解而说明情况。在人际交往中，互相不认识的双方需要彼此认识，并进一步合作交往时，首要的环节就是介绍。所以说，介绍是交际的桥梁，也是人们有效交往中的第一个“见面礼”。如果不懂介绍，就可能会使交流戛然而止。

话“礼”话外

研究生毕业的小刘口才甚佳，是个很健谈的人。对自我介绍，他自认为不在话下，所以他从来不做任何准备，都是看什么人说什么话。他的求职目标是地产策划，有一次，他去本地一家大型房地产公司应聘，在自我介绍时，他大谈起了房地产行业的走向，由于跑题太远，面试官不得不把话题收回来。自我介绍也只能“半途而止”。

有“礼”有面

在交际中如何介绍呢？以下是方法和建议。

1. 自我介绍

自我介绍是向别人推介并让其了解自己的一种重要的、有效的社交方式。自我介绍要注意以下几个细节。

（1）知晓途径。自我介绍一般有这些途径：除了口头介绍之外，可以用辅助的工具，如用名片做自我介绍；也可以请人帮助，即请一位既熟悉自己又熟悉对方的人，为自己做“引见”。

（2）了解顺序。自我介绍的顺序，要遵循“位低者先行”“位尊者有优先知情权”的礼仪原则，即地位低者与地位高者之间，地位低者应先向地位高者做自我介绍。

（3）掌握方式。自我介绍的方式也有几种。例如：针对一面之交，只需用应酬的方式，介绍自己的姓名即可；遇上公务交往，除了介绍自己的姓名外，还要介绍自己所代表的单位、所在的部门、具体的职务，或者是从事的工作、职业、所学的专业等，让对方对自己的基本情况有所了解；也可以根据对方所咨询的问题，有针对性地进行自我介绍。

（4）把握时机。自我介绍一般在较为正式的场合，要选择适当的时机介绍自己。例如：应选择与对方初次见面的时候，选择对方对自己比较专注的时候，或选择外界干扰比较少的时候等。

（5）实事求是。与人交往必须讲诚信，介绍自己时理应实事求是，让对方了解一个真实的自我。为此，既不要妄自菲薄，过分的谦虚，也不要高傲自大，胡乱吹嘘。诚实交往才能赢得真心朋友。

2. 介绍他人

介绍他人是指介绍者以第三者的身份，为彼此不相识的双方进行介绍，就是替他人做介绍，又称为第三者介绍。介绍他人也有礼仪规则。

（1）谁来介绍。由谁来替他人介绍，根据礼仪规则，不同的场合需要不同的人物。例如：在宴会上，可由主办方的人员做介绍；去私人寓所做客时，由熟悉双方的女主人做介绍；在聚会场合，由与被介绍双方相识者做介绍；在公务往来中，由双方的专业人士，如办公室主任、领导秘书、前台接待、公关人员等人士做介绍。

（2）为谁介绍。作为介绍人事先一定要熟悉情况，不要盲目介绍。例如：要为双方都不熟悉的人做介绍；要为需要有相识欲望的不相识双方做介绍。千万不要自作多情，以免弄巧成拙。

（3）介绍顺序。这里同样要讲究关于“位尊者有优先知情权”的礼仪原则，介绍双方时，首先介绍位低者，然后介绍位高者。

日常见面“礼”为先——打招呼礼仪

日常见面打招呼是工作与生活最常见的礼仪，当遇到熟人不打招呼或者别人给你打招呼你装作没听见，都是不礼貌的行为。日常生活中常见的招呼用语有：“吃饭了没有？”“你忙什么去？”“你在哪儿高就呢？”“你好”等。在一些特定的场合，如离得比较远不适于讲话，或者是关系比较一般的人之间，只要相互微笑，或者点一下头，也算是一种招呼语了。

如果是同西方人打招呼，不要用中国人见面时习惯说的“您上哪儿去呀？”或者“您去干吗？”等问候语。这会被他们看作是想探听别人隐私的失礼行为。也不要见面就问“您吃饭了吗”，这样往往会被误解成你要请他吃饭。

与外国人见面时，简单而又合适的打招呼方式是：“早上好”“下午好”“晚上好”“您好”或“早安”“日安”“晚安”等，如果是外国人来中国，我们还可以说：“欢迎您到中国来”“祝您有一个愉快的假期”“祝您旅行愉快”“您好，我有什么可以帮到您”等，切忌招呼用语过于单调枯燥。同日本人打招呼，比较普遍的是：“拜托了”“请多关照”。泰国人会双手合十放在胸前、口前或额前中间的位置，微微点头并说：“您好。”

话“礼”话外

一天中午，一位住在某酒店的外国客人到酒店的餐厅去吃饭，走出电梯时，站在电梯口的一位女服务员很有礼貌地向客人点点头，并且用英语说："您好，先生！"客人微笑地回道："您好，小姐。"当客人走进餐厅后，引位员发出同样的一句话："您好，先生。"那位客人微笑着点了点头，但并没有开口。客人吃好午饭后，顺便到酒店的庭院中去溜达，当走出内大门时，迎面见到的一位男服务员又是同样的一句话："您好，先生。"这时客人下意识地只是点了一下头。等到客人重新走进内大门时，迎面而来的仍然还是那个服务员，"您好，先生"的声音又传入耳中。此次，这位客人没有做任何回应，而是径直去乘电梯准备回房间休息。恰好在电梯口又碰见那位女服务员，她热情地说："您好，先生！"客人皱起了眉头，显得不高兴了。为什么"您好，先生"这种看似礼貌的行为语言反而遭来客人的不满呢？

故事中，酒店服务员很热情地打招呼，反而招来客人的不满，是何原因呢？还是让这位客人来解答吧。这位客人在离店时，写给酒店总经理一封投诉信，信中写道："……我真不明白，你们酒店是怎样培训员工的？在中午短短的一个小时内，我遇到的几位服务员竟千篇一律地简单重复一句话'您好，先生'，难道不会使用其他的语句吗？"

有"礼"有面

见面打招呼是一种良好的礼节性习惯。由于文化的差异，中国人与西方人不同，一般只习惯向自己所熟悉的人打招呼，对陌生人总会下意识地保持距离。倘若主动与素不相识的人打招呼，反而会遭人误解。而西方人无论对方是男还是女，是老还是少，是本国同胞还是异国他乡人，凡是双方相遇，哪怕是匆匆的路人，只要目光对视，就会微笑着主动向对方打招呼，因为在他们看来，视而不见会显得很不友善。和陌生人适时地打一声招呼，气氛就自然融洽了。而且西方人打招呼形式多样，单一枯燥的打招呼方式很不受欢迎。有不少西方人对我们同胞的这种“拘谨”十分疑惑，还以为中国人不友好呢。为此，我们要养成见面打招呼的良好习惯。

那么见面打招呼时应注意什么呢？

1. 尊重对方，勤于打招呼

随着国门的打开，我们与国际的交往越来越频繁，出国定居、旅游、学习交流的人也越来越多，如果我们还是死守自己的习惯，不能入乡随俗的话，那会遭质疑的，甚至影响中国人在外的形象。我们要学会与陌生人搭讪的方式方法，学会一些日常常用敬语和招呼用语，勤于和不同的人打招呼，让对方感受到你的热情和礼貌，感到一种愉悦感和被尊重感。

2. 注重场合，善意问候

如果你在公共场所遇见了久违的好朋友，也不要太激动。在街上，突然冲向对方，甚至冲撞了行人；在会场上，猛然从座位上跳起来并穿过整个大厅跑向友人；在人群里，冷不丁高呼朋友的名字，让旁人吓一跳，并为之行“侧目礼”，都是很失礼的行为。

3. 符合习惯，不卑不亢

我们有时会因为碰见相识者对你“熟视无睹”而感到不高兴，其实这大可不必。不要把不经意的视而不见与故意的轻蔑混为一谈。很可能是对方正在沉思，或者眼睛近视，也可能因为你的外貌有了改变。总之不要苛求“熟视无睹”者。笔者有一位朋友，对自己所从事的专业很有研究和造诣，并成为行业中公认的专家。可她常常对熟人“视而不见”，为此，她的同事对她一直很有意见，认为她骄傲、不理人、摆架子。原来，她的“熟视无睹”是因为她习惯在行走和空闲时，独自一人沉思。

4. 根据特点，有礼有序

称呼要视对方的年龄、性别、身份、职业等不同而不同。对年长者要用谦恭、尊重的语气；对同辈要用诚恳、友好的语气；对青年要用慈爱、谦和的语气。在单位尽量称呼对方的职务、职称，如果有几个职务或职称，尽量称呼高的。一个好的称呼，不是为了满足自己，而是为了满足对方，使对方高兴、乐于接受。

如果你参加一个国际性的或者是跨省市、跨行业的会议，在一天内几次遇见同一个熟人，每次都说“您好”，似乎太单调了。可以根据时间、场合，适地、适时地用不同方式打招呼。

与偶尔相遇的人怎么打招呼？例如你有时因出差、开会、旅游等，在同一个旅馆住几天，经常会在同一个商店购物等，也应该同遇见的服务员或售货员打招呼。只要是经常同你打交道的，不论地位高低、贫富不同，你都要注意见面的礼节。

交流从掌心开始——握手礼仪

在远古时代，握手已经出现。在那个时候，人类最频繁的活动就是狩猎和战争，他们能够熟练掌握石块或棍棒等武器的使用方法。当互不相识的人群相遇时，为了表示友善，他们会放下手中的武器，并张开手掌，让对方抚摸手掌心，这就表示手中没有藏武器。后来，逐渐演变成了今天的“握手”礼节，以示尊重和友好。

话“礼”话外

李扬是某单位的经理。有一天，他被邀请参加一场晚宴，此次晚宴规模巨大，聚集了职场上的成功人士。在宴会上，李扬被朋友介绍给曹女士。为了表示自己的友好，他先把手伸出去了，可是那位曹女士居然没有反应，还在与一旁的朋友说说笑笑。李扬觉得非常的尴尬，但手又不能再缩回去了，就这样撑了大概二十多秒，那位女士还是不配合，后来他一着急说 :“蚊子 !” 转手去打莫须有的蚊子。然后，李扬满脸通红地离开了。

故事中的尴尬就是因为不懂握手礼仪造成的。男士和女士握手时是要女士先伸手，男士再与之握手，如果女士不主动出手，男士也不要冒昧地伸手。同时在长辈和领导面前也一样，只要长辈和领导不伸手就不要提前伸手，但是如果女士、长辈或者领导伸出手时，男士、晚辈或下属就要立刻伸出右手与之握手。

有“礼”有面

当今世界上已经把握手作为最为普遍的一种表达见面、告别、祝贺等感情的礼节。初次见面，通常以握手示礼。握手是陌生人之间的第一次身体接触，虽然只有几秒钟的时间，但这几秒钟非常关键，它决定了别人对你的喜欢程度。适当的握手时间与力度，会让人有股舒适亲切的感受。握手是彼此间增进感情的一个重要礼节，那么，你在人际交往的过程中，千万不可忽视握手时的常规礼仪。

1. 握手的方式

握手时，距对方约一步远，上身稍向前倾，两足立正，伸出右手，四指并拢，虎口相交，拇指张开下滑，向受礼者握手。一旦你的手与别人的手握在一起，你的拇指与其他四指都应该全部与对方的手握在一起。但是，在现实生活中，常常会有这样的一种握手姿势：掌心向下握住对方的手，显示出一种强烈的支配欲。这会无声地告诉别人，他处于高人一等的地位。所以，当你在人际交往的时候，应尽量避免这种傲慢无礼的握手方式。相反，你应掌心向里地与对方握手，进而显示你对对方的恭敬。如果伸出双手，更是谦恭备至了。平等而自然的握手姿态是两手的手掌都处于垂直状态。这是一种最普通也最稳妥的握手方式。

此外，戴着手套握手是失礼的行为。但是，女士可以例外。当然，在严寒的室外也可以不脱手套。比如双方都戴着手套、帽子，这时一般也应先说声："对不起。"在握手的同时要注视对方，态度真挚亲切，切不可东

张西望、漫不经心。不可看别处或与第三者讲话，要与对方目光接触、面带笑容。目光接触显示你对别人的重视和兴趣，也表现了自信和坦然，同时还可以观察对方的表情。

2. 握手的时间以及力度

握手时不要太用力，也不要漫不经心地用手指尖如“蜻蜓点水”似的点一下，这样都会显示你的无礼。其握手的时间一般是控制在三五秒钟以内。如果时间过短，两手一碰就分开，只会让对方觉得你在走过场，并对对方怀有戒心。这样又怎么能博得对方的好感呢?

如果你想表示对对方的真诚和热烈情感，也可较长时间握手，并上下摇晃几下。值得注意的一点就是异性或初次见面者除外。否则，只会显得你有些虚情假意，甚至会被对方怀疑为“想占便宜”。

3. 握手应注意的一些细节

当对方的人数较多，你可以只跟相近的几个人握手，向其他人点头示意，或微微鞠躬就行。如果为了避免尴尬场面发生，在主动和人握手之前，你应想一想自己是否受对方欢迎，如果已察觉对方没有要握手的意思，点头致意就行了。

当你在一些公共场合与对方握手时，其伸手的先后次序主要取决于职位、身份。而在社交、休闲场合，主要取决于年龄、性别、婚否。

但是，如果对方正是你所接待的客人时，这一问题变得特殊一些：当客人抵达时，作为主人的你应先伸出手来与客人相握。而在客人告辞时，就应由对方先伸出手来与你相握。前者是表示“欢迎”，后者就表示“再见”。这一次序颠倒，很容易让对方产生误解。

另外，应当强调的一点是，上述握手时的先后次序不必处处苛求于人。如果自己是尊者或长者、上级，而位卑者、年轻者或下级抢先伸手时，最得体的做法就是立即伸出自己的手，进行配合，而不要置之不理，使对方当场出丑。

同时，握手最基本的礼貌是一定要用右手。在包括印度、印度尼西亚等在内的一些东南亚国家，在与他人接触时从来不用左手，因为在他们看来左手是用来解决个人卫生问题的。而如果是用双手握手，一定要先用右手与他人相握，然后再把左手搭在别人的手上，这足以体现出对对方的尊重。

总之，在人际交往中，一定要掌握握手的常规礼仪。热情地、真诚地、紧紧地握着对方的手，把自己的力量、诚意展现并传递给对方，促使对方感受到你的真诚。

称呼是把双刃剑——称呼礼仪

和别人打交道，总是以称谓开头，它好像是一个见面礼，又好像是进入交往大门的通行证。称谓得体，可使对方感到亲切，交往便有了基础。称谓不得体，往往会引起对方的不快甚至愠怒，使双方陷入尴尬境地，致使交往梗阻甚至中断。

话“礼”话外

一位教师曾经讲述自己亲身经历的事：“有一次，之前我教过的一个学生来请我帮他做媒，当时我特别好奇他俩的发展速度怎么能这么快。当时他就说：‘曾经我们两个见面时，她直接喊我的名字，顿时我感觉我们之间的关系是如此的近、如此的亲密。’然而在这之前，他们两个只是相互以姓氏代称，这足以说明了称呼对人的心理会产生很大的影响。”

有“礼”有面

在与人交际时一定要不失时机地与对方套近乎。如果一时难以接近，不妨利用称呼的方式拉近你们的距离，而且口吻必须自然，不可让对方感觉你在装腔作势。两人的距离若因此而接近，那么双方的交际也会顺利进行了。

那么，怎样称呼才算得体呢？这要根据对方年龄、身份、职业等具体情况和交往的场合以及双方关系来决定。

亲戚之间的称谓。亲属之间，对长辈应以亲属称谓相称，如爷爷、奶奶、爸爸、妈妈、姑姑、舅舅等。称呼长辈的姓名、职务、身份、职业等都是不礼貌的。对平辈，可相互用亲属称谓或加排行序列称谓相称，如哥哥、妹妹、二哥、三妹等；夫妻之间可以姓名相称，俩人在一起时，可用昵称，但不宜在父母面前、孩子面前和公开场合使用。

熟人之间的称谓。对关系较密切的熟人，可大致仿照自己亲属的性别、年龄、身份等来确定相应的称呼，还可以“姓加亲属称谓”“名加亲属称谓”“姓名加亲属称谓”称呼，如“李奶奶”“杜叔叔”等。

在一些正式、公开的场合，可以称呼熟人职务、职业，也可以“姓加职务、职业称谓”“名加职务、职业称谓”“姓名加职务、职业称谓”相称。如“汪厂长”“李处长”等。

年纪较大、职务较高、辈分较高的人常对年纪较轻、职务较低、辈分较小的人称呼姓名，这种称呼明快直爽。反之，年纪较轻、职务较低、辈分较小的人对年纪较大、职务较高、辈分较高的人直呼姓名，则是没有礼貌的表现。

朋友、同学、同事之间，因为相处长了，称呼可以随便一些，可在姓氏前加“老”“小”“大”等，如“老丁”“小陈”等。

对陌生人的称谓。在称呼陌生人的时候，通常用以下几种方法：一是用通称。如“同志”“朋友”“师傅”“先生”“小姐”……这往往是视对方的年龄、性别、职业等情况而定。同时，根据对方是否结婚也会使用不同的称呼，如无论是结婚与否的男人，都称其为“先生”，而未婚女子称

"小姐"，已婚女子称"夫人"或"太太"，如果已经结婚的女子年龄不是太大，也可以称呼"小姐"。但是千万不能称未婚的女子为"夫人"。这一定要谨记。另外，如果实在分不清楚对方是否为已婚者，可以统称为"女士"。二是可以亲属称谓相呼。这样的称谓比较多，如"大伯""阿姨""老爷爷""大娘""大嫂""大姐"……这主要是视对方的性别、年龄等情况而定。另外，在称呼某些女性时，如果无法断定对方是否结婚，但年龄比自己又大，应称其为"大姐"，而不是"大嫂"。

称呼人要因人而异、因地而异。人际交往都是从称呼开始的，得体、有礼貌的称呼会让你在与他人的交往中更受欢迎。

拜访也有大学问——拜访礼仪

拜访是指个人或单位代表以客人的身份，有一定目的地去探望有关人员的一种社交方式。在国内外的交往中，互相拜访是一种常见的形式。中国人好客，也喜欢串门，有些人习惯没有事的时候找别人闲聊，也不管对方有没有空。随着我国经济的飞速发展，人们的生活和工作节奏加快了，而且每个人对自己的时间早有分配，如果未经约定就贸然闯去，会让人措手不及，是很失礼的，而且不受欢迎。

话"礼"话外

拜访的时间尽量选择一个被访者方便的时候。如果是公务拜访，应该选择在被访者的工作时间，而且尽量不要放在星期一上午或者星期五下午，还要避开对方的午休、刚上班和快下班的时间，除非对方自己希望选择这些时间。如果是非公务的登门造访，一般可在节假日的下午或平时的晚饭后，要避免在吃饭和休息的时间拜访。约定时间后，不能轻易失约或迟到。如因特殊原因不能前去，一定要设法提前通知对方，并表示歉意。在致歉的同时还可以提出重新安排拜访的时间、地点等。也不要提前到，可能对方正在干别的要事，你的提前闯入，会使对方十分尴尬，也是不礼貌的。

有“礼”有面

拜访者与被访者约好时间、地点后，就要注意拜访时的礼节了。

（1）入门前，拜访者要整理一下自己的衣服、发型，并把鞋擦干净，然后按门铃或敲门，这表示对被访者的尊重。按门铃的时间不宜太长，敲门也不宜太重或太急，一般轻轻敲三下即可。当有人出来后，拜访者要恭敬地通报姓名，说明来意。如门掩着或开着，拜访者也不可贸然进入，仍要按铃、敲门或问一声：“某某先生（小姐、女士）在吗？我能进来吗？”待对方允许时方可入内。

（2）进门后，拜访者随身携带的外套、雨具等物品应放在主人指定的地方，不可任意乱放。如果拜访者戴着帽子、墨镜或手套时，进门后应该摘掉。女士戴的装饰帽可以不摘。随身带的公文包等物品，不要放在主人的桌子、茶几等地方。对同在室内的人，无论认识与否，拜访者都应主动打招呼。如果拜访者带着其他人同往，要介绍给主人。另外，即使拜访者与主人的关系非同一般，也不要未经同意随便翻动其书籍、工艺品等物品。

（3）拜访中的交谈，语言应适度，表达准确，不夸大其词，也不要过于谦卑。尤其是在一些政治性或商业性的拜访中要注意：能做到的事要大胆说；做不到的事不要信口开河；眼前做不到，但通过努力可以做到的事，要留有余地，恰如其分地说。对于亲朋之间的拜访，不要随意谈主人不愿提及的话题，或谈他人的隐私。

拜访时，应注意掌握时间。一般公务拜访不要超过半小时，私人拜访也应控制在一小时左右为好。有要事需与对方商量或向对方请教时，应尽快表明来意，不要东拉西扯，浪费时间。

（4）拜访的任务完成后，拜访者应该起身告辞，如备有礼物，可在此时献给被拜访者。当然，如果按欧美人士的习惯，一见面就送礼物也可以。告辞时，拜访者应对主人表示感谢，如果主人出门相送，拜访者应请主人留步，可以说“您请回”“请留步”，最后热情地道声“再见”。

“笑眯眯”的人际课——微笑礼仪

保持一个微笑的表情、谦和的面孔，是表示自己真诚、守礼的重要途径。在经济学家眼里，微笑是一笔巨大的财富，但要笑得恰到好处，也是不容易的。所以，微笑是一门学问，又是一门艺术。

话“礼”话外

某日午餐时间，一家主打海鲜的餐厅里坐满了客人，厨师和服务员都忙个不停，甚至经理也来帮忙。正在经理忙着递餐的时候，一位小服务员过来报告经理，有人投诉他们的海鲜不新鲜，吃起来有异味。经理听说此事，立马跟着服务员走向那个餐桌。经理一见顾客是自家的老客户，心中有了底，上去一阵寒暄：“李总，听说我们的菜不合您的口味……”这时，李总打断了经理的话：“不是这菜不合口味，只是我的美国客人吃了这道菜后马上讲这道菜不能吃，里面的蛤蜊有异味，你说我怎么能让我的客人吃坏肚子呢，自然要找你们提提意见。”无论怎样，餐厅经理还是面带微笑地向李总道歉：“这海鲜不是新鲜货，虽然味道不纯正，但是不会吃出毛病的，希望李总和其他客人能够多多包涵……”

餐厅经理的话还没说完，那位美国客人突然站起来，生气地指着经理说，从不标准的普通话发音中，大致意思是我们吃坏肚子了怎么办，你还笑得出来，这不只是赔偿医药费那么简单，你要负责任。突如其来的兴师问罪，让经理一时不知怎么办。到了这个地步，他在揣摩如何找个台阶下，不能让顾客误会我刚才微笑的用意吧，况且微笑是我们服务业应该先做到的。于是，经理还是准备用微笑来解释刚才的误会，没想到那位美国客人更加恼火，准备出大吵一架的架势，幸亏李总及时拉住餐厅经理的衣角，示意他赶快离开。

有“礼”有面

微笑是一种艺术，是一门学问。微笑牵涉到我们的文明素质、生活内容和节奏，也牵涉到民族性格和文化传统。

1. 笑要注意场合

笑在一般交际场合中都是畅通无阻的通行证，但这并不意味着它在任何交际场合中都适用。如果在不该笑的场合笑了，那么，不仅达不到搞好人际关系的效果，而且还会受到别人的冷眼，甚至会引来别人的愤怒，这当然是很糟糕的。因此，我们在使用笑的时候，一定要注意场合。例如，当你参加葬礼或追悼会时，你对悲痛欲绝的死者家属就不能笑脸相迎。

2. 应和大家一起笑

当很多人聚集在一块儿的时候，如果其他人都被笑话弄得哄堂大笑，你一定也要哈哈大笑，否则不苟言笑的你就会破坏了整个气氛，让人感觉非常尴尬和不爽。尤其是讲笑话的人看到你如此的反应，也会在心里检讨自己是不是讲得不好，严重的话还会认为你是故意为难他。而其他人对你的看法也会一落千丈。因此，在如此场合下，一定要通过笑来肯定别人的幽默，同时也能争取他人的友好，否则，会产生非常恶劣的后果。

3. 不要取笑他人

在讲笑话的时候，千万不能把他人作为取笑的对象。最应该避免的是对他人生理缺陷的讥讽，如斜眼、麻面、跛足、驼背……看到别人的不幸时，虽然我们无法帮助，但也应该表示同情或者是慰问和帮助。另外，讲笑话的人还要避免讲那些容易联想他人的生理缺陷的笑话。对于他人的过失和错误也要尽力避免使其成为被人讥笑的对象。例如，在生活中不要取笑同学考试不及格，不要取笑他人在走路时摔跤……另外，也不要取笑他人的家庭背景。其实，在这种情况下，最好的讥讽对象是自己，拿自己开玩笑是永远不过火的。这也会扭转整个气场和气氛。

名片接发有讲究——名片礼仪

名片是一个人身份的象征，在社交活动中具有重要的作用，是人们交往时的自我介绍信和联系卡。它最基本的功能就是自我介绍。名片在我国已有 2000 多年的历史，只是名称不同而已，秦汉时谓之“谒”，汉末名为“刺”，六朝时称作“名”，唐朝唤为“月勃”，宋朝又谓“门状”，明代又名“名帖”，清朝又唤作“名刺”等，现在则通称为名片。

话“礼”话外

某公司新建的工厂需要添置一系列的机床设备，价值数千万元。公司的总经理已做了决定，向 F 公司购买这批机床设备。

这天，F 公司的销售部负责人打来电话，要上门拜访这位总经理。总经理打算等对方来了，就在订单上盖章，定下这笔生意。

不料对方记错了时间，提前2小时到达。为了谈这件事，销售负责人还带来了一大堆资料，摆满了桌面。总经理没料到对方会提前到访，刚好手边又有事，便请秘书递上自己的名片，让对方等一会儿。这位销售员等了不到半小时，就开始不耐烦了，一边收拾起资料一边说："我还是改天再来拜访吧。"

事后，总经理发现对方在收拾资料准备离开时，将自己的名片掉落在地上，而且并没发觉，走时还无意从名片上踩了过去。总经理立即改变初衷。

将对方名片掉在地上，还踩上一脚，虽然是无意的，此举看似很小，其实是不可原谅的失误。名片在商业交际中是个人的化身，是名片主人的"自我的延伸"。弄丢了对方的名片已经是对他人的不尊重，更何况还踩上一脚，顿时让这位总经理产生反感，再加上对方没有等待的耐心和诚意，丢失了这笔生意也就不是偶然的了。

有"礼"有面

名片在国际交往中被人们普遍使用，是一种最普遍、使用量最大的"仪柬"，那么学习使用名片的礼仪也尤为重要。

1. 名片的递送

在与人交往前，先把名片放在易取之处，男士可以把名片放在公文包或西装上衣的口袋里，女士可将之置于手提包内。交换名片的顺序一般是先低后高，先客后主，即地位低者、晚辈或客人先向地位高者、长辈或主人递上名片，然后再由后者回赠。若上级或长辈先向你递上名片，你也不必谦让，可以礼貌、大方地用双手接过，说声"谢谢"，再予以回赠。

2. 名片的接受

当对方把名片递给你时，你应该起身，面带微笑，双手接过名片，说声"谢谢"，并认真观看名片，以表示对赠送名片者的尊重，也便于加深印象；然后，回敬一张自己的名片，如随身没带名片，应向对方表示歉意。收到别人的名片后，要郑重地将其放入自己的名片夹或西服左胸的内侧衣袋里。

3. 名片的索取

在社交场合，名片一般都是对方主动给予的，但为了工作的方便有时需要我们主动向别人索取时，可以先采取交换的办法，即先把自己的名片递给对方，以换取对方的名片。倘若对方是尊者，且没有回赠的意向，而你又很需要对方的名片时，你可以用谦恭的语气索要，如："我有很多问题需要您的继续指教，您能告诉我您的联络方法吗？"假如非尊者的交往对象忘了给你名片了，你可以用委婉的口气询问："我以后怎么与您联系呀？"以提醒对方给你名片。如果遇到熟悉的人，而且知道对方的联系方式有变动时，可以直接明示索要。

4. 名片的忌讳

①不要把名片当作传单随便散发。②不要随意地把他人给你的名片塞在裤袋里或随手丢在包里。如果暂时放在桌上，切忌在名片上放其他物品，也不要漫不经心地放置在一边，更不要忘记带走。③不要在自己的名片上随意涂改。④不要在他人名片上乱写乱画。

用电话塑造个人形象——电话礼仪

在现代生活中，从小孩到老人，几乎人人都会打电话。但这电话也得打得有水平才行，否则会给对方带来非常不好的感觉。不管是打电话、接电话还是通话结束后挂电话，这都是非常有学问的。如果做得好，就会给人留下非常好的印象；如果做得不好，会给自己带来各种各样的损失。

话“礼”话外

小王到某公司实习，第一天上班，被安排到接电话的岗位，心里感到非常不舒服，心想：“电话谁不会打！几岁起就接电话了。”第一次遇到外来电话，铃声刚响，他就抓起话筒，结果电话断了，部门经理批评了他。第二次接电话，是对方拨错了号码，小王一听拨错了便说：“你打错了！”“啪”地挂断了电话。正好被刚进来的总经理看到了，总经理当场批评了他。小王傻眼了。

有“礼”有面

懂得电话礼仪，别让细节破坏了自己的形象，是每个人应该注意的。一般而言，电话交谈的技巧主要有以下几点。

1. 主动介绍自己

在电话交谈中，如果和对方是第一次通电话，我们要先主动介绍自己的身份。如果对方可能不知道你的电话号码或者姓名，我们要先告诉对方你是谁，然后再进入谈话正题。这样才不至于让对方因为不知道你是谁而感到陌生或尴尬，同时也能拉近和对方的心理距离，让后面的谈话可以顺利进行。

2. 说出对方的名字

面对我们不太熟悉的人，为了礼貌，我们常常会在对方姓氏后加先生或小姐。但是对方如果是代表公司时，有些人就习惯省略称谓而造成对方的不愉快。因此，无论对方是人或是公司，我们都应秉持尊敬的态度称呼。不嫌麻烦地把对方公司的全名都说出来，才不至于让对方认为我们没有礼貌。

3. 不要让对方听到第三者的私语

处于传送信息状态的电话，我们称之为通话；而当通话中传入了第三者的声音时，则称之为私语。

4. 音量适中

充满活力的声音能让对方有听的欲望，还能激发对方说话的欲望，说话的声音应该保持活力和热情。

尤其是在打电话的时候，你不想自己的声音越来越高，就拿起一支笔，举到与你约 25 厘米远的地方，对着这支笔说话，这把笔往下垂直移动，并提醒自己慢慢降低音量，运用共鸣。

5. 保持生动和关注

你是否想过你在电话中说的“喂”传递了什么样的信息？它很可能包含了你电话交谈中的全部基调，它能表现出你的情绪：可能是随意而松弛的，说明你正闲着；也可能是友好而活泼的，表面似乎是说“我很忙，不得不立刻挂掉电话”；也可能非常粗鲁无礼，预示着接下来是一场暴风骤雨。

有的人总是随着自己，十分随意地说这声“喂”，显得傲慢无礼，甚至充满敌意，其实他们并不知道自己传达出这种意思。因此，你要掌握“喂”的技巧。

比如在你工作忙碌的时候，有朋友打电话找你聊家常，开始可能会恭恭敬敬地听，对方越说越起劲，可你想快点结束这场谈话，语气就会渐渐变得冷淡。由于对方并不了解你的实情，就会觉得你怠慢了他，心生嫌隙，这时候不妨直截了当地解释清楚，相信你的朋友会理解你的。

通电话时看不见面部表情，因此须特别注意声音，因为声音也能反映表情。倘若感到不耐烦，对方照样能从声音中感应出来。

电话交谈只能通过对方的说话的内容和语气判断对象的心理，最主要的是让对方感到尊重。这是电话礼仪中最基本的礼貌。

微信朋友圈礼仪规范——微信礼仪

被鸡汤段子刷屏、被代购信息骚扰、被“美颜”照欺骗……相信大家的微信朋友圈中，都出现过这样的情况，并且对此嗤之以鼻。在朋友圈中这些行为都是无礼的表现。为了维护好自己的朋友圈，学习礼仪规范是必不可少的。

话“礼”话外

小红是重庆的一个上班族，不久前，在她朋友的强烈要求下，她在朋友圈选购了两条手链，加上运费，一共花了60多元。不过，让小红“心塞”的是，“淘宝上同款产品竟然两块钱一条都能买到，真是好大一个坑”。碍于同窗的情面，小红只能选择不了了之。

类似朋友圈内的“熟人经济”，实际上是在透支个人信用的行为。建立在社交基础上的熟人，一旦走向交易关系，朋友感情势必会弱化，长期广告刷屏容易引发好友反感，让长期累积起来的社会资本和尊严被轻易消费。

有“礼”有面

微信是一种即时交流工具，和新版QQ一样具有便捷的语音聊天和视频聊天功能，且不另收取通信费用，受到了很多人的喜爱，尤其是年轻人。微信礼仪我们需要注意以下几点。

1. 注意联系的时间

微信联系一般都是熟悉的朋友、亲人、同学之间的联系，也有少数的办公联系。但是联系的时候要注意时间，不应该在对方不方便的时候还一直发信息骚扰对方，一般的联系时间应为早上 8 点以后和晚上 10 点以前，除非有特殊的紧急情况。

2. 注意内容

大家基本上用的都是触屏手机，容易一不小心碰错了地方，发错了内容。在按“发送键”之前，最好自己读一遍，确认内容和联系人，以免引起尴尬。听语音的时候，最好戴上耳机，这样既不会影响身边人工作或休息，也能保护隐私。

3. 注意“朋友圈”

朋友圈刷屏已经变成微信中最主要的娱乐部分。评论别人的朋友圈，注意不要在伤口上撒盐，同时，你发朋友圈的次数不要太过频繁，转发的内容切忌垃圾营销、污秽不堪，让人反感。这是不符合微信礼仪要求的。一定要注意保护自己的隐私，不要泄露自己的身份信息，比如身份证号码、驾驶证号码等重要的个人信息，以防不法分子窃取。

4. 公众微信注意形象

公众微信是一个多人交流的平台，更应该遵守基本的道德。关注者在选择自己感兴趣的微信公众号时，先要仔细辨认清该账号是否有打广告、垃圾营销的嫌疑，分辨清楚后再决定关不关注。

小测一下

自我基本礼仪小测试

判断下列说法正确与否：

1. 到公司拜会，必须事先约好。会谈的时间最好安排在上午10点或11点左右，下午2点或3点左右。

2. 在比较正式的场合，和别人说话时，你的表现是面含微笑，不时地看着对方的眼睛。

3. 发名片的时候要按照由近到远或顺时针方向进行。

4. 在打电话接起电话时，先说："喂，您好。"

5. 不同国家有不同的身体问候礼仪。

6. 和西方国家的见面礼都是拥抱和亲吻。

7. 一般在宴会座次排列中，要注意按年龄、辈分高低为序排列桌次和位次。

8. 介绍时要先将地位低的人介绍给地位高的人。

9. 当你介绍别人的时候，突然想不起来对方名字的话，最好实事求是地告诉对方。

10. 当别人介绍你的时候说错了你的名字，不要去纠正，免得对方难堪。

答案：

1. 对　2. 对　3. 对　4. 对　5. 对　6. 错　7. 对　8. 对
9. 对　10. 错

第2章

“宾宾”有礼：二十几岁要学的待客礼仪

社交活动中，邀人做客是最常见的人际交往形式。我国自古就有广交朋友、热情好客的好传统。《论语》说：“有朋自远方来，不亦乐乎？”广交朋友是人生一件乐事，热情好客是胸怀坦荡、谦恭文明的美德。待客和做客，十分讲究礼仪，可以说是一门艺术。俗话说：“主雅客来勤。”宾主之间圆满完美的礼仪形式，可以使双方情谊进一步增强，使道德情操不断升华。

做好待客的礼仪准备

很多人应该有过去别人家做客的或者家里待客的经历。在中国礼仪文化是非常讲究的，一次好的待客能够显现出主人对客人的一种尊重。相信大家在接待方面都会非常注意，那当客人离开时你又是否注意到这些呢?

话“礼”话外

待客包括迎接客人、招待客人和送别客人等一系列过程，做客包括做客的准备、会面和告辞等一系列过程。待客和做客有许多情况：有应邀来客，有不邀自来的访者；有老朋友的会面，有新交朋友的初会；有谈公事、洽谈商务，也有私人间的交往；有研究问题的切磋，也有无事而来的闲聊；等等。这种会见，可以使双方增进联系和情谊，加强团结协作；可以获得知识，开阔眼界；可以排解烦闷，解除疲劳；可以陶冶性情，提高修养。总之，讲究待客的礼仪已经成为人们社交生活中一种必不可少的文化修养，它要求我们讲究待客的艺术。待客的整个过程，要显示出热情、礼貌和文明，让客人有“宾至如归”的切身体验，感受到温暖、亲切和礼遇，高兴而来，满意而去。

有“礼”有面

每当放假休息的时候，每个人都会偶尔去朋友家做客，同时朋友有时也会来到自己家里聚一聚。可当自己接受朋友的热情款待后，轮到自己却不知所措了……

1. 注重仪表

一般认为待客时主人的仪表与其对客人的尊重程度成正比。事先知道有客人要来，主人不一定要衣冠楚楚、西装革履，但蓬头垢面、不修边幅，却是对客人的不敬。穿睡衣、内衣接待客人是不礼貌的，尤其是接待异性客人，此类着装更是礼仪的禁忌。如果客人突然来访，没来得及更衣，应让客人在客厅稍候，在其他房间换好衣服再来待客。当然，主人的待客着装不必完全簇新笔挺，女主人更不必珠光宝气、浓妆艳抹，那样待客时，往往失去亲切感，主人的待客着装只要适宜得体就好。

2. 清洁居室

客人预约来访，主人应提前整理房间，使客人到来后有舒适整洁之感。否则客人到来时，满屋零乱、灰尘处处，这对客人而言是不礼貌的。如遇客人突然来访，也应把书桌上的报刊、孩子的玩具等物品稍事收拾，并向客人表示歉意。

3. 提前迎候

对比较重要的客人，主人应到楼下或电梯口迎接。如果在家中静候，客人叫门时主人应立即亲自开门迎接。已经约好的拜访，届时主人不在是非常失礼的。对远道而来的客人应更加周到招待，尽心照顾。需到机场、码头、车站去迎接的客人，应在航班、轮船、火车、汽车到达之前去接，不应让客人到达后等待。对特别尊贵的客人，已婚者最好夫妇一同去迎接。

应提前迎接远客

《论语》有云："有朋自远方来，不亦乐乎。"迎来送往，不仅是礼节上的一种表现，还可以反映出一个人的素养，尤其是迎接。当有客人远道而来时，作为主人，应该提前去迎接。

话"礼"话外

徐老师因工作要去南京学习一周，他的一个得意学生恰好在南京工作。徐老师就提前联系他，并约定了拜访的时间。可等徐老师到了南京，提着礼物要去学生家时，人生地不熟的他只收到学生发来的一条短信，短信上是到他家的路线。徐老师按着路线走了很久，却发现走错了。打电话过去，学生又给他说了另一条线路，但始终没说要亲自来接。一气之下，徐老师再不联系这个学生了。

有"礼"有面

作为客人，谁都希望自己是被欢迎的。尤其是置身于陌生的城市，自己更希望得到亲友的帮助和热情接待。而作为主人，也应该为对方考虑，使对方有宾至如归的感觉。很多时候，我们因为自己的忙碌而怠慢了客人，或是从自己角度考虑，认为自己熟悉的道路，对方也不难找到。却不知，自己的客人把很多时间都浪费在找路上。远客，尤其是重要客人，如果不被迎接，会觉得自己得不到重视和尊重，心中不仅会有种失落感，还会觉得主人不够热情、真诚。而需要花费很长时间去找路的客人，则更容易因恼怒而放弃做客的打算。

接待客人或做客前，应谨记这几点：

（1）做客前。应查询相关路线，尤其是对于自己不熟悉的地方更应如此。

（2）远客或重要客人来访前，一定要提前迎接。

（3）如果不方便迎接，一定要提前跟对方讲明，并道歉。

倒茶有讲究，这些礼仪你必须知道

俗话说：“开门七件事，柴米油盐酱醋茶。”如果说敬烟还不够普及的话，那献茶绝对是个有代表性的接待方式。对于二十几岁的年轻人来说，学习一些倒茶礼仪是很重要的。

话“礼”话外

泡茶分两种：一种是把茶叶放在茶壶里，泡好后倒出，这涉及比较复杂的工序，就不多说了，感兴趣的朋友可以找些介绍茶道的书来看；另一种是单杯泡茶，一个茶杯就是一泡茶。不管是哪种泡茶方式，都要注意以下几种情况：一是茶叶用量不要太多，以 3~5 克为宜。二是记得洗茶，因为在制茶的过程中会有一些不够太清洁的东西。三是泡茶的水不宜太烫，也不宜温度偏低，烫了客人既难以接手，也会损伤茶的营养成分，温度不够，茶也泡不出味道来。

有“礼”有面

礼仪上有句话叫“酒满敬人，茶满欺人”，就是说倒酒一定要倒满，才表示尊重，给人倒茶就不能倒太满了，否则就是欺负人。你想想，倒上一大杯茶水，烫得不行，让人怎么接、怎么拿？所以不管对方是喝茶，还是白开水，只要温度较高，就不能倒太满，以杯子的2/3到4/5之间为宜。

给人献茶时最好挑带柄的茶杯，如果没有柄，就选个杯托儿，像咖啡杯子就是这么处理的。现在很多单位为了便捷、卫生，都会大量使用一次性纸杯，在这种情况下，就要尽量使用纸杯托架。

若是没有柄的小型茶杯，那最好用点别的工具递，如南方给人献茶时就是用镊子夹，方便，卫生。

有些人自上而下捏住茶杯的两端，手就刚好按在别人要下口的地方了。你这么一抓，别人还喝不喝呢？

热情主动：招待客户不失礼

热情主动是每个主人应该做到的待客之道。二十几岁的年轻人，无论你是性格内向还是工作忙碌，当家中有客人时，都不可冷落对方。拿出你的热情，尽情款待上门而来的客人。

话“礼”话外

平平是个做事情缺乏主动的人。前不久。和平平关系不错的朋友来拜访他，平平很高兴，想好好招待一下自己的朋友，留他吃饭。朋友一坐下两人就聊了起来。聊多了，朋友早就渴了，看到依然滔滔不绝的平平，不好意思直接要水喝，只好少说话。到了吃饭时间，平平极力劝朋友留下一起吃饭。可朋友看了一眼冰冷的厨房，反倒觉得主人是在下逐客令。只得说：“不了，都到这个点儿了，我先走了啊！”平平却没觉得自己哪里做得不到位。

有“礼”有面

如果和自己关系密切的人到家里做客，你照顾不周，对方可能会主动提出需求。但如果只是普通朋友，或是自己的客户拜访时，就不是很好处理了。作为客人，自己有需求时，不好直接开口。假如你不主动提供服务，如倒茶水等，对方就没有提出需求的可能性。尤其是初次拜访，客人就更易显得拘谨。另外，主人待客时，也应保持饱满的精神状态。试想一下，客人进门，看到的不是热情地欢迎而是萎靡不振的主人，那么客人自己也会觉得无趣，不想多谈。而茶水准备得不周，又会让客人觉得主人没打算让自己长待，自己也就识趣地早点离开。客人来做客，作为主人就要积极主动，服务周到。没有人愿意干着喉咙、饿着肚子跟你交流，因而要多为自己的客人

考虑。

待客时应热情主动，需要注意以下几个细节：

（1）客人到来后应主动接待，微笑表示欢迎。

（2）主动端茶递水，询问客人是否留下来一起吃饭。

（3）客人在时，不要露出不耐烦的表情。

招待客人：饭菜应稍加丰富

节约是中华美德之一，节约粮食人人有责。平时居家生活，每顿饭都没有剩余是最理想的状态。但在招待客人时却不然，节约往往被看作是吝啬或不真诚。

话“礼”话外

平时，凤霞做饭总是正好够一家三口人吃的。前不久，家里来了客人。农村老家的三表叔来城里买东西，打算来凤霞家暂住一宿。凤霞很热情地同意了。可吃饭时，老汉总是表现得不自在，住一宿的打算也取消了。原来凤霞做饭招待三叔时，是按照自己的饭量添了一个人的。三叔的饭量大，又不好意思敞开吃，只好饿着肚子少吃点了。

有“礼”有面

饭菜在平时可以不讲究，但在招待客人时，饭菜却有了更丰富的含义。人们习惯用丰盛的美食来招待客人，借以表现自己的热情和对客人的重视。而客人也希望得到主人的尊重，体会到主人的真诚。过于吝啬，或是只从自己的饭量考虑，摆到饭桌上的食物过少，都会影响到客人就餐的情绪。

尤其是遇到饭菜不够的情况，更会引起主客双方的尴尬。

做客、待客本是件愉快的事情，可以增进双方的感情和了解。如果招待不周，不仅会让客人觉得不自在，还会给客人留下不好的印象，让自己显得没有素养，双方关系也会越来越疏远。因而在做饭时，一定要有剩余。有剩余不一定就是浪费，可以把剩下的食物放进冰箱，留给自己吃。但待客之道一定要把握好，区别于日常生活。

招待客人时，要注意以下几点：

（1）准备饭菜不宜过少，量要适度有富余。

（2）准备饭菜不宜过简，荤素合理搭配。

（3）需要询问客人有何禁忌。

不速之客的接待须知

生活中，我们经常会遇到不速之客，如推销员、投诉的顾客或是其他陌生人等。我们选择的接待方式往往是直接将其拒之门外，或态度恶劣表示不欢迎对方。然而，这样的举止是十分不可取的。

话“礼”话外

洋洋在某公司做经理助理。一天上午，经理临时有事出去，洋洋认真地整理文件。突然，有位先生要见经理。洋洋询问后，得知对方是某品牌电脑推销员，而且也没有和经理约好。洋洋没有直接请这位不速之客离开，而是告诉他经理不在，礼貌地把他请到待客室等待，并奉上茶水。经理回来，表示正有所需，二人洽谈中，推销员愿意低价向公司提供电脑，因为自己从来没有受到过如此有礼貌的接待。

有“礼”有面

无论是提前约好，还是突然而至，作为主人都不可无礼。也许对方是临时有急事，所以才没有提前通知；抑或是对方想要争取某个机会，又害怕主人拒绝，只得出此下策；又或是对方无意冒犯，只是想歇歇脚。对你而言，拒绝他们的登门，可能并不意味着失去什么，但也绝对得不到其他的东西。对任何人都以礼相待的人，也会得到他人的礼遇。真正懂礼仪的人，不会因对方的身份、职务而区别相待。对方不请自来如果能够得到你的有礼接待，对方一定会从内心感激你，为你慷慨大度的人格魅力所折服，甚至还会因此给你带来意想不到的收获。所以，要认真对待你的不速之客，不要直接拒绝。

对待不速之客应采取以下措施：

（1）不可将其直接拒之门外，不可表现出不耐烦的表情。

（2）招待不速之客时，可以只将客人请到客厅。

（3）对待不速之客要热情，有礼貌。

（4）如果是在公司，要及时请示领导。

强留客人并不礼貌

在现实中，有很多人非常热情，特别是女主人，客人想走的时候，女主人却强留客人。殊不知，待客亲热可以，但是过度的亲热，会让客人产生不舒服的感觉，甚至会疏远你。

话“礼”话外

徐子聃和蒋梦是一对新婚小夫妻。周末，夫妻二人计划下午去朋友家拜访，商量一件关于工作上的重要事情，然后回父母家，陪父母吃晚饭。到朋友家时，朋友已经早早地收拾好等候二人的到来。谈完事情之后，徐子聃和蒋梦起身准备告辞，朋友热情地挽留他们留下吃晚饭，说道：“今天来都来了，晚上也别走了，我做饭可是一绝，一定得让你们尝尝我的手艺。”夫妻二人推辞道：“不用不用，那太麻烦你了，我们准备回家吃饭。”“可别跟我客气啊，留下留下，晚上我准备做糖醋排骨，这可是我的拿手菜，你们留下来吃了晚饭再走。”“可是我们和父母说好了晚上回家吃饭的，这样不太好，不如改天吧。”两人很为难。“别改天了，就今天！今天你们不留下吃饭，可就是不给我面子啊。”两人很是为难地答应了留下吃饭，然后给父母打电话，告诉父母，朋友的盛情难却，晚上不能过去吃饭了。

有“礼”有面

从表面上看，强留客人是因为你的热情好客，其实这并不是礼貌的行为。如果你和来访的客人关系一般，强留对方会让对方感觉莫名其妙，并且会显得你虚伪做作、虚情假意；如果来访的客人是异性，强留对方就会有骚扰的嫌疑，让对方产生厌恶之感；如果来访的客人确实有重要的事情去办，强留对方不仅会耽误对方的正事，还会让对方感到不满。如果客人已经尽兴，再强留客人就是多此一举，反倒会让客人的心情由好变坏；如果来访的客人在这次拜访表现得不是很愉快，强留对方只会加重对方不愉悦的心情。所以不管怎样，强留客人都不是合乎礼仪的行为。

强留客人应该考虑对方的感受：

（1）如果客人表现出要走的意图，可以做适当的挽留。

（2）如果客人的去意已决，或是真的有要紧事，不用强留客人。

送客离去：迎人三步，身送七步

如果说迎宾是接待工作的序曲，那么送客就是接待工作的结束曲、压轴戏。因此，真正有经验的商务人士总是更加重视送客的礼仪，所谓“出迎三步，身送七步”，有始有终才是真正的送客之道。

话“礼”话外

王青去看望自己的朋友，说说闹闹，天色渐晚。王青看了看窗外，站起身来对朋友说：“天不早了，我该回去了。”

朋友坐在沙发上，抬了抬脸，说道：“那我就不送你了，记得帮我关好门。”

朋友的态度让王青感觉有些冷漠。要知道，朋友住在 20 楼，让他自己在走廊等电梯是一件很孤独的事情，可朋友连送他到电梯口的想法都没有，这让他心里有些失落。

自此之后，王青和这位朋友虽说还是如以往那般亲切，但王青却很少再去他家了。

有“礼”有面

送客时应按照接待时的规格对等送别，“出迎三步，身送七步”是迎送宾客最基本的礼仪。

当客人提出告辞，要等客人先起身，然后再起身，并且代客人取下衣帽或者协助他们穿上外套等。应先于客人走到门口，为客人开门，并用手势招呼客人出门，等客人出门后，自己再出门。可以站在门口相送，也可以将其送到电梯口或是大门外。与客人在门口或电梯口告别时，要面带微笑，与客人亲切握手，并说“欢迎下次再来”等客套语，然后目送客人离开，稍稍停顿或是等到客人移出视线时再返回。

商务交往当中，有的时候根据需要要对客人进行饯别式的送客礼仪。此时，主持者应该提前跟客人打招呼，并问明客人的饮食喜好或其他习惯来安排宴席，一切以客人为主。

为客人饯别时，要注意一些事项：饯别时间，一般选择客人离开的前一天，或者征询来宾意见，不要打乱来宾的行程安排或影响其休息；饯别时的陪同人员应该选择与客人的身份、职位相似或与客人部门相关的人员；饯别时的话题，可以就来宾此次见面所商谈的事情或今后双方的商务往来的美好祝愿或是表达惜别之意等。

餐毕离开时，主人一方要与客人一一握手话别，送客时一定要注意身体语言，微笑与细致的关照都会在无形中增进双方的好感，为将来的商务合作打下良好的基础。

客人走后轻声关门

好的开始需要有好的结束，客人走后要轻声关门。假如自己刚走，主人就把家门重重关上，你会有什么感受？

话“礼”话外

不久前，严华借用朋友的单反相机时，不小心弄坏了外壳。主动换新后，严华登门向朋友道歉。朋友并没有责备严华，对严华说没有关系，让他不必挂怀。原本心存愧疚的严华，看到朋友谅解的神情，自己也就放心了。还回相机后，严华跟朋友道别。可刚走没几步，就听见背后传来重重的关门声。严华心中一颤：原来朋友并没原谅自己，而是很生气。

有“礼”有面

客人走后，马上用力关门，是一种没礼貌的行为。如果对方是来道歉的，即便你嘴上和心里都已经原谅了对方，对方也会觉得你还在生气，不接受自己的道歉，认为你心胸狭窄。如果是你的好友拜访你，哪怕你再热情，好友也会怀疑自己哪里得罪了你，认为自己不受欢迎。而客人如果是客户或是长辈，用力关门会让对方觉得你很没有礼貌，不懂得礼貌待人，自傲狂妄，甚至有些无情。那么，你的友情、形象和在他人心中的地位都会遭到破坏。轻声关门是一个待客的小细节，也是他人评价你的重要环节。注意好这个细节，你才能被称为一个待客有道的好主人。

客人走后不要以为万事大吉，还有一些细节需要注意：

（1）客人走后，不可用力关门，应该轻声关门。

（2）要提醒客人是否有物品落下，以免客人花费时间再来取。

小测一下

你的交往能力如何？

测试导语：

下面是人际交往能力的测试，共有30道题，请按照自己的符合程度打分。

测试开始：

1. 去朋友家做客，如果知道有不熟悉的人，我的热情就明显下降。
2. 我看见陌生人常常觉得无话可说。
3. 在陌生的异性面前，我常感到手足无措。
4. 我不喜欢在大庭广众面前讲话。
5. 我的文字表达能力远比口头表达能力强。
6. 在公众场合讲话，我不敢看听众的眼睛。
7. 我不喜欢广交朋友。
8. 我的要好朋友很少。
9. 我只喜欢与同我谈得来的人接近。
10. 到一个新环境，我可以接连好几天不讲话。
11. 如果没有熟人在场，我感到很难找到彼此交谈的话题。
12. 如果在主持会议与做会议记录两项工作中挑一样，我肯定挑后者。
13. 参加一次新的集会，我不会结识多少人。
14. 别人请求我帮助而我无法满足对方要求时，我常感到难以处理。
15. 不是万不得已，我绝不求助于人，因为感到很难对人开口。
16. 我很少主动到同事、朋友家串门。
17. 我不习惯和别人聊天。
18. 领导或老师在场时，我讲话特别紧张。

19. 我不善于说服人，尽管有时我觉得很有道理。

20. 有人对我不友好时，我常常找不到恰当的对策。

21. 我不知道怎样同嫉妒我的人相处。

22. 我同别人的友谊发展，多数是别人采取主动态度。

23. 我最怕在社交场合中碰到令人尴尬的事情。

24. 我不善于赞美别人，感到很难把话说得自然亲切。

25. 别人话中带刺揶揄我，除了生气外，我别无他法。

26. 我最怕做接待工作和同陌生人打交道。

27. 参加集会，我总是坐在熟人旁边。

28. 我的朋友都是同我年龄相仿的。

29. 我几乎没有异性朋友。

30. 我不喜欢与地位比我高的人交往，我感到这种交往很拘束，很不自由。

计分标准：

符合者打 2 分，基本符合者打 1 分，难于判断者打 0 分，基本不符合者打 −1 分，完全不符合者打 −2 分。

心理透析：

先计算出总得分。如果得分低于 −20 分，那么应当祝贺你，你是一个比较善于人际交往的人；如果得分在 −20 ~ 0 分之间，意味着你的人际交往能力还可以；如果得分在 0 ~ 30 分之间，说明你的人际交往能力较差；如果得分在 30 分以上，那么你的人际交往能力是相当差的。如果你对自己的交往能力不满意，相信只要注意锻炼，你也会具备基本的交往能力。

第3章

有“礼”有“距”：二十几岁要学的职场礼仪

有人说礼仪就像一面镜子，能折射出一个人的涵养。礼仪，学好了可以让你在众人中脱颖而出，不同的场合对礼仪有不同的要求，走出校门进入社会，二十几岁的你，当面对复杂多变的职场时，要懂得哪些礼仪呢？

二十几岁应该懂得的职场基本礼仪

办公室礼仪最能体现一个人是否具备良好的素质和个人修养，因为办公室是日常工作的地方，同事们在这里朝夕相处，很多礼仪需要我们去注意，良好的礼仪不仅能树立个人和组织的良好形象，也会关系到个人前程和事业发展。

话“礼”话外

王慧是一名会计，是公司的老员工了，为公司工作了十多年，一直兢兢业业。但是王慧不仅仅是会计工作者，也是一个 15 岁孩子的妈妈。为孩子王慧操碎了一颗心。为了让学校里的老师多照顾照顾自己的孩子，王慧经常替老师帮忙，用公司的复印机帮老师复印编制习题试卷。老师编制的试卷有十几张，要替一个班四五十个学生复印试卷，每次一印就要印好几百张。这样做的次数多了，让老板感到很不舒服。这是自己公司的复印机，是为公司服务的，凭什么王慧用公司的复印机去印自己私人的东西？

如果你是员工，经常用办公资源做私事，会让老板觉得你自私自利，爱占小便宜，并且对工作不上心；如果你是领导，经常用办公资源做私事，会被员工效仿和鄙视，无法做到服众，失去领导应有的威严形象。若办公资源私用，有时候可能会出现企业有重大紧急事件需要处理但偏偏资源不够用的情况，影响企业的经济效益。

应该杜绝用办公资源做自己的私事。用公司的复印机复印私人的资料、将办公室的笔记本和签字笔带回家自己用、用企业的座机和恋爱对象煲电话粥、上班时间用电脑玩游戏等都是将办公资源进行私人利用的表现。

有“礼”有面

办公资源私用是很不礼貌的，二十几岁的你一定谨记。下面介绍一些职场礼仪规范。

1. 不要随便打电话

有些公司规定办公时间不要随便接听私人电话，一般在外国公司里用公司电话长时间地经常性地打私人电话是不允许的。私人电话顾名思义只能私人听。但在办公室里打，则难免会被人听到。即使公司允许用公用电话谈私事，也应该尽量收敛一些，不要在电话里与自己的家人、孩子、恋人等说个没完，这样让人感觉不舒服，有损于你的敬业形象。

2. 要守时

上班时间要按时报到，遵守上班、下班时间，不迟到早退，否则会给公司留下一个懒散、没有时间观念的印象。另外，要严格遵守上班时间，一般不能在上班时间随便出去办私事。国外一个著名企业老板，针对商务白领归纳出 13 条戒律，其中一条就是不可没有守时的习惯，经常迟到早退。

3. 不诿过

如果有些小的事情办错了，当上司询问起来时，如果这事与自己有关，即使别的同事都有一些责任，你也可以直接替大家解释或道歉，如果是自己做错了事，更要勇于承担责任，绝不可以诿过于别人。

4. 主动帮助别人

当看到同事有需要帮忙的事情，一定要热心地帮助解决。在任何一个工作单位里，热心助人的人是有好人缘的。

5. 不要随便打扰别人

当你已经将手头的活儿干完时，一定不要打扰别人，不要与没有干完活的人交谈，这样做是不礼貌的。

6. 爱惜办公室公共物品

办公室的公用物品是大家在办公室的时候用的，不要随便把它拿回家去，也不要浪费公用物品。

7. 中午午睡关好门

许多人有中午午睡的习惯，略休息一下，午睡要关好门。如果你有急事必须进出门时，记住每次进出门后必须带上门。不要怕有关门声而将门半开或虚掩着，这样不礼貌，因为关好门能给午睡者安全感。

二十几岁应该懂得的职场交往礼仪

办公室是职场人办公的地方。现代职场人的能力不仅包括处理工作中各种问题的能力，也包括与他人相处的社交能力。因而，对二十几岁的年轻人来说，办公室中的社交礼仪知识不容忽视。

话“礼”话外

小王是东北人，性情直率，活泼开朗。他来公司实习已经近两个月了，最近他从人事部门得到一个消息，公司决定留下他在公司继续工作。欣喜之余，他也总结了自己实习期间的一些心得。每天他都是最早到达办公室的，在其他同事到达办公室之前他已经做好了清洁，等待着大家的到来；每天，无论早晨上班、下午下班，还是其他工作时间，只要见到同事，无论是否认识，他都会微笑着点头示意，或者用“您好”“早晨好”“再见”之类的问候语打个招呼；对于自己知道职衔的人，准确地称呼其职衔，凡是不知道的，他一律称呼为“老师”；在办公室闲聊的时间里，不打听别人隐私，不参与别人的争吵。不到两个月时间，就连楼道里扫地的阿姨都认识了这个热情礼貌的大学生。

有“礼”有面

在职场社交场合，掌握一些社交礼仪的原则是非常有必要的，下面就介绍职场社交礼仪的方法，以供参考。

1. 同事相处礼仪

职场中，与同事关系相处融洽，不仅能提高工作的效率及积极性，也能交到一些志同道合的朋友，拓展人脉。与同事交往时，要真诚、相互尊重、以礼相待。在办公室中与同事相处，应注意以下几方面礼仪知识。

第一，以礼相待，彼此尊重。同事间相处应处处以礼相待，如见面时，要主动打招呼，最简单的方式就是微笑点头，同时道声“早”“你好”之类的问候语等。

第二，团结协作。职场中，一件工作往往需要多方的协调才能将其做好。因而，在办公室里一定要同心协力、互相支持。对于自己的工作要尽力尽责，不可推卸责任；同事请求帮忙，要真诚相助。多向年长的同事请教问题，对于年轻于自己的同事要多帮助、多鼓励。这样，得到同事的尊敬，自己工作起来也会更加舒心。

第三，宽容大度，勇于承担。宽容大度，就是在工作场合，同事不小心犯错或是得罪于你时，要有原则地宽容对方；当同事取得成功、获奖或是升迁时，应该给予衷心的祝贺。一个懂得宽容的人是会受到他人的理解和好感的。勇于承担就是当在与同事的合作中出现问题时，应敢于面对自己的错误，不要把责任推给他人。

第四，体谅难处，倾情相助。不管是在工作中还是生活上，同事若有难处，都应予以体谅理解，并尽力帮助。当同事有困难之时，千万不要吝惜你的关心与安慰，对同事重视会让他感受到你诚挚的友谊。这是赢得对方信任的关键。

第五，一视同仁，平等相待。与同事相处，毕竟不同于私底下与朋友之间的交往，常常会与自己喜欢的或者不喜欢的同事共处一室，在与同事交往时，特别是在上班时间与同事相处时，一定要保持一视同仁、平等对待的态度。

第六，主动道歉。同事之间相处一久，难免会犯点小错或产生一些误会，如果出现此种情况，应该主动向对方道歉，解释清楚；如果同事误会你了，应向对方说明情况，不要小肚鸡肠，耿耿于怀。

2. 办公室交谈礼仪

说话要分场合，要讲究分寸，最重要的是，说话要得体。那么，在办公室场合，要注意哪些交谈礼仪，给自己的职场形象加分呢？

第一，不要人云亦云，要有自己的主见。职场中，老板都比较欣赏有头脑、有主见的员工，如果你经常在一些需要发表意见的场合保持沉默，或是一味地附和他人而没有自己的见解，那么，你在办公室里就没什么地位了，很容易被他人忽视。不管你在公司的职位如何，不管你面对的是高于自己的上司，还是跟自己地位平等的同事，交谈时你都应该发出自己的声音，应该敢于说出自己的想法。

第二，真诚友善，平和自然。在办公室中与人交往时，态度要谦和友善，说话要平和自然，给人亲切感。

第三，注意谈话的内容，三思而言。在办公室里与人交谈时，要注意自己谈话的内容，特别是关于自己的私事，要考虑说出来后的后果。

求职应聘不可不知的礼仪

自从你跨出校园开始，你面临的第一个问题就是就业，事实上，这也是所有人需要考虑的问题。而对于很多人来说，能否拥有成功的事业、惬意的生活以及快乐的心情，很大程度上在于他是否找到了一份能够发挥个人特长的工作。但是，现今社会，无论哪行哪业，竞争的日益激烈，已经提高了录用人才的标准，虽然你和别人拥有同样的受教育背景、同样的工作经历，却未必能像他人一样获得心仪的工作，那是因为在获得工作之前，你要跨过一道求职的坎儿。而在整个求职的过程中，无疑难度最大的就是面试。面试除了要向面试官最大限度地展示自己，还有一个我们经常容易忽视的问题——礼仪。

话“礼”话外

赵红红今年22岁，刚从某高校饭店管理专业毕业。这次，她因出众的外表、过硬的专业知识迅速在百名应聘者中脱颖而出，杀进面试最后一道关。

那天，赵红红起得很早，除了准备一些必备的面试材料外，她还精心打扮了一下，可正当出门时，赵红红发现丝袜上有个小小的洞，赵红红心想：一般不注意，是看不出来的，而且，现在出去买也来不及了。于是，她满心欢喜地出发了。

在面试过程中，如她自己所料，她的回答让在场的所有面试老师很满意。面试结束后，其中一位面试老师对她说：“好了，今天就到这儿吧，你回家等我们的通知吧！”等通知？难道是面试的通知？这不就意味着自己已经被录取了吗？

于是，赵红红心里的大石头落下了，她静静地在家等消息。但半个月

过去了，仍然没有音讯。于是，她托在该饭店的朋友打听，原来，自己并没有被聘上，而问题就出在了那双丝袜上，当她进门的那一刹那，眼神犀利的众面试官们就发现了这一瑕疵。

事后，负责招聘的徐经理说，在餐饮业中，对招聘人员的仪容仪表比较注重，应聘者穿着是否得体、职业，给人的第一印象如何就显得尤为重要。此外，做餐饮业还注重与顾客的沟通、交流，因此应聘者谈吐是否自然、亲切，给人的感觉是否舒服，是否有很好的沟通能力，就都被列入考察的范围。

赵红红没有得到自己梦寐以求的工作，就是因为她没有做到细节上的完美。要知道，招聘过程中，面试官们很容易从细节观察到一个人的“本色”，处理不好，印象就会大打折扣。

有“礼”有面

应聘求职，要想成功，除了要先为你自己增加含金量外，还要做到深谙面试礼仪。初入社会的女孩们，在面试中，你只有完善每个细节，努力做得尽善尽美，才会给面试官留下良好的印象。那么，具体来说，我们该怎么做呢？

1. 带足简历，多一手准备

用人单位为了能让面试尽量客观、公正，通常都会让多名面试官同时参加面试工作，此时，如果你连为每一位面试官提供一份简历的工作都没做好，势必会让面试官觉得你缺乏准备。

2. 把握好初步印象，也不可忽视最后印象

整个面试的过程中，最初和最后的5分钟是至关重要的，这个过程给面试官的印象如何，就决定了你面试成绩的如何。最初的5分钟内应当主动沟通，离开的时候，要确定你已经被记住了。

3. 别让身体语言拖你的后腿

从心理学的角度来看，一个人的言谈举止反映他的内在修养，比如，一个人的品位、能力、价值取向、专业特长……不同类型的人，会在言谈举止中透露出这些方面的不同信息，而这也正是用人单位考察一个求职者的重要突破口，他们在面试中通过对应聘者言谈举止的观察，来了解他们的内在修养、内在气质，并以此来确定其是否是自己需要的人选。

从你跨入面试场合的第一秒起，你的言行举止，包括如何向面试官点头致意，如何递简历、如何和面试官握手等方面，都已经被列为考察求职者的重要方面。

因此，作为求职者，二十几岁的你要尽量显得精干、有活力、对主考人全神贯注。用眼神交流，无需言语，你会展现出对对方的兴趣。

4. 清楚用人单位的需要，尽量让自己表现出为对方所需要的人

这就需要你做到知己知彼，也就是了解招聘单位需要什么样的人，知道根据招聘单位的特点他们更侧重于考察你的哪些方面，你需要注意哪些事项以及如何突破提高。

5. 做足功课，应对棘手问题

通常情况下，面试官为了考察求职者的应变能力和综合能力，都会提出一些刁钻的问题，而大部分的主要问题事前都可以预料到，因此，你最好有备而战，冷静地整理好思路并尽量从容回答。

总之，每个即将进入职场的人，你都要明白，面试是你整个求职过程中最重要的阶段。成败均决定于你面试时的短短一瞬间的表现。因此，你一定要掌握一些面试礼仪，并学会怎么出色地面试，从而给面试官留下最好的印象！

与上级打交道的礼仪之道

有统计显示，在职场中有30.43%的人与领导关系很好，容易沟通；57.97%的人与领导关系一般；10.14%的人与领导关系不好，经常背后抱怨；1.46%的人与领导经常有冲突。造成与领导关系不善的原因主要有：现实层面，领导位置比自己高，与自己有利益冲突；心理层面，感觉自己低领导一等，不能平等交往；与领导沟通不善。

话“礼”话外

小吴是某外贸公司的业务员，他的顶头上司李经理是一个年轻气盛的人，经常当面斥责小吴，弄得小吴好几次在同事面前很尴尬。为了缓和这种不协调的上下级关系，小吴借周末之机，邀请李经理与自己共进晚餐。美味佳肴下肚后，小吴开始对李经理说出肺腑之言：“你经常对我加以指责，弄得我常常在同事面前下不了台，又生气、又难堪，好几次想反驳你，但又怕影响你的领导形象。其实有话好好说可能效果会更好，也能体现你作为领导的涵养与风度呀。”李经理听了这番话很感动，也从另一个侧面反映了自己的工作作风问题。从那以后，小吴再没听到李经理的斥责声，而且还受到了李经理的重用。

有“礼”有面

如何与领导搞好关系，减少和避免不必要的矛盾呢？以下建议或许会对大家有所帮助。

第一，端正态度，接受现实。尝试接受自己与领导事实上不平等的现实，把更多的精力投入自己能够做好的工作当中，提高自己的工作效率及工作质量。切不可采取消极怠工的方式来反抗领导，那只会让彼此的关系进一步恶化。

第二，学会换位思考。遇事要学会站在对方的角度上思考，职场中，要学会与领导进行换位思考。理解领导的苦衷与难处，不要遇到什么事都抱怨领导。领导理亏时，要学会让步，给他留个台阶下，千万不要当众纠正领导的错误。

第三，凡事多沟通。要增进与领导之间的相互理解，尽可能地减少误会。在工作中，遇到不明白的问题，不要耻于向领导发问，不懂装懂才会令人讨厌。要尽力做好自己的本职工作，力求将自己的强项表现出来，以得到领导的肯定及赏识。

第四，学会反思。工作中，如果与领导产生分歧或矛盾，要先反思自己，看看究竟是自己的不对，还是领导的不对，不要动不动就跳槽。如果不是原则性的问题，要与领导及时沟通，如果实在有违自己的原则，再跳槽也不迟。

与领导说话的言谈礼仪

中国人是最爱面子的，就中国的传统而言，在公共场合，一定不能有损他人的面子，否则就是故意发出挑战。所以在公共场合，我们一定要注意给别人面子，对一般人是这样，对领导更要这样做。

话“礼”话外

李飞是个很努力的人，一毕业就进入一个传媒企业的市场部，如今工作了三四年。他做事麻利，人也很聪明，但在部门里一直做些简单的工作，缺乏好的上升空间。后来李飞换了一个部门，结果还是和上一个部门一样，李飞感觉自己工作很辛苦，可是领导还是觉得他工作不认真。原来是领导分派任务时，李飞很少跟领导有交流，还经常在领导面前耍耍小聪明。当领导分派给他一个任务的时候，即使这个任务超过了他的能力范围，他也会告诉领导“没问题”“您放心”“包在我身上”，然后通过一些小技巧小花招去完成上司给的任务，等到完成了工作就跟领导汇报说“已完成”“完全没问题”。领导觉得他完成任务用的方法太油滑，怀疑他工作不饱和，上班时间在干与工作无关的事，没有认真工作，所以一直没有重用他。

在上司面前要小聪明、小花招会让上司觉得你只会搞歪门邪道的东西，对你感到厌恶。如果在上司面前故意卖弄自己的能力，上司会觉得你对自己的待遇感到不满意，有意讽刺他，甚至想要取代他的职位。在上司面前逞强是很愚蠢的行为，会让对方感到不愉快。上司会觉得你做事冲动，欠考虑，只会耍小聪明，对自己不尊重，不是一个可以做大事的人，因此不会重用你。

有"礼"有面

在职场上，上司就是主宰我们命运的那个人，一句话说不好，就有可能因此丢掉饭碗，所以与上司说话，一定要慎之再慎。其实，与上司对话的忌讳也是有一定规律可循的，在这里我们为大家总结出来，希望能够帮助避开那"看不见的枪口"。

1. 不要轻视上司

一个人能够成为管理阶层，自然有他过人之处。作为下属，我们应该尊敬上司，而不应养成轻视上司的习惯。

2. 有损自己的话坚决不说

与上司聊天尤其是闲聊时，我们往往在上司的"随意"面前放松警惕，说出一些本来不该说、平常不敢说的话，其结果会很快反映在上司对你的认识和任用上。

所以与上司打交道时，我们必须时刻小心才是。当上司问你任何一个问题时，迅速转动大脑：他提问的真正"目的"何在？然后针对他的提问，如实得体地回答。

3. 不可贸然向上司进言

中国古代法家代表人物韩非认为，部属不能随便向上司进言。他的论断虽有些偏激，但反映了进言宜慎重这个真理。韩非列举了进言者的10种危险，不妨参考一下。

（1）君主秘密策划的事，不知情者贸然进言就会有危险。

（2）君主表里不一的事，谁把这个情况说破，谁就会有危险。

（3）在进言被采纳的情况下，如果进言的内容被他人得到了，进言的人就要受到泄密的怀疑。

（4）为官资历尚深，还没得到君主信任时，如果把自己的才能全显露出来，那么，即使谋划成功，也不会受赏；如果谋划失败，反而受怀疑。

（5）揭露君主的过失，用道德理论加以指责，那是危险的。

（6）君主用他人的意见获得成功，并把这个成功归于自己，知道这个秘密的人会有危险。

（7）强制君主从事自己能力以上的事，这样的事会让君主难堪，这个进言者会有危险。

（8）如果君主谈论人的品格，又别有所指，接着再谈论平庸的人，并有煽动之意，幕僚们就要有所警惕。

（9）赞扬君主宠爱的人，如果你想接近他，就会受到怀疑；指责君主厌恶的人，如果是试探，你也会受到怀疑。

（10）在向君主进言时，只说大话，毫无针对性，当仔细讨论时，就会让人反感；如果发言过于小心，就会被认为是愚笨；如果高谈阔论自己的计划，就会被斥为信口开河。

总之二十几岁的你要记住，上司作为一个特定的群体，可以说主宰着我们事业的生杀大权，因而在与上司打交道时，我们一定要多留心眼，慎之再慎之。

不可口无遮拦，职场言谈要谨慎

语言往往能反映一个人的道德修养以及学术水平。在办公室里，善于交谈应该是当今人员融洽、改善、增进社会关系的重要秘诀。办公室里的文员应该做一个有心人，有些话能说，有些话却不能乱讲，否则会招来不必要的麻烦。

话"礼"话外

马华是个聪明伶俐、活泼好动的女孩，在公司里和每个同事的关系都很密切，可这只是表面现象，其实大家都不太喜欢她，背后给她起了个外号叫"密探"。

也许是由于过分活跃的原因吧，马华总能打听到别人都不知道的公司"内幕"，经常神神秘秘地对同事说："知道吗，咱们的厂花要高升了！原因你就别问啦！""某某得到了上司的赏识，据说全是靠脸蛋。""某某跟老板去跳舞啦。""谁谁和主管……"时常弄得公司上下绯闻四起，就像一个隐私超市。

后来，大家都不喜欢和她说话了，她却仍然是不管什么话题都积极参与，而且每次都是她说得最多，似乎她什么都知道，而且常常是把别人想说的也一股脑儿地都说了。所以，只要她一开口说话，大家就都变得沉默是金了。

有“礼”有面

俗话说：“说出的话，泼出的水。”话不管好坏，一旦说出口就收不回来了，因此，说话要注意分寸，把握好“度”，要做一个会说话的女人。

要想成为一个会说话的女人，说话时要三思而后言，要做到谈吐有度。为此，要注意以下几方面。

1. 不要在同事面前炫耀

对工作要投入，对同事要厚道。在办公室里可以表现你的与众不同，但不要拿你的资本来炫耀。就算你刚刚买了豪华别墅，或利用假期去外国旅游，也没必要到办公室来炫耀。有些快乐，还是没事偷着乐最好。羡慕与嫉妒，二者都是招人算计的。无论显富还是哭穷，在办公室里都显得做作，与其讨人嫌，不如知趣点，不该说的就别说。

2. 不要逢人就吐苦水

无论你有怎样的喜怒哀乐，千万别把情绪带到工作中来。办公餐后经常会聊天，如果不分时机、不分对象地让大家分享你的故事，事后往往会悔不当初。职场就如同罗马的斗兽场，事关生死存亡。同事可能是你合作的搭档，但也有可能是背后对你放冷箭的小人。

不少人无论工作在什么环境中总是怒气冲天、牢骚满腹，总是逢人就大倒苦水。尽管偶尔一些推心置腹的诉苦可以构筑出一点点办公室友情的假象，但像祥林嫂般的唠叨不停会让周围的同事苦不堪言。也许你自己把发牢骚、倒苦水看作是与同事们真心交流的一种方式，但过度的牢骚、怨言会让同事们感到好笑——既然你对目前工作如此不满，为何不跳槽去另寻高就呢？

3. 听别人讲话时要虚心点

能虚心听别人说话的人才是真正懂得说话艺术的人，这也是使别人对你产生好感的秘诀之一，也是一个女人优雅的体现。虚心地听别人讲话，不光是听语言，还要听语调，因为这样才能正确选择自己该讲什么、不该讲什么，使对方与你产生共鸣，使说话的气氛变得轻松愉快。因此，你在同别人谈话时要根据对方的心理及时调整自己的心理和情感，注意自己的神态举止和措辞，让别人乐于听你讲话。更要避免打听别人的隐私，多谈对方最喜爱的娱乐活动和个人兴趣。

4. 说话时要懂得把握分寸

无论你口才如何，一定要掌握说话分寸：当说则说，不当说则不说。如果你十分健谈，口若悬河，那也应该学会克制自己，说话太多不仅会在无意间得罪别人，而且还会给人留下不谦虚、不稳重的印象，这对自己与同事融洽相处极为不利。当然，在领导与同事征求你对工作的意见与看法时，千万不要吞吞吐吐、含混不清，否则别人会误认为你没有主见或不关心自己的本职工作。良好的说话风度往往具有很大的吸引力。但是同时要注意，你也不要为了风度而风度、为了优雅而优雅，否则会让自己反而显得矫揉造作或搔首弄姿，毫无风度、优雅可言。

摘掉有色眼镜——办公室不分三六九等

学历与经验无关，也与一个人的修养、气质、人品无关。不要根据学历来判断他人的一切。对待同事，不可以因为自己的学历高，就妄自尊大，目中无人。任何公司都不欢迎这种人的存在。很多情况下，那些学历低的同事，往往经验丰富，为人处世也很出色。相反，学历高的人，情商往往有所欠缺。公司注重的是给它带来的利益，不会根据学历将员工分为三六九等。因而，要平等看待周围的同事，融洽相处。

话“礼”话外

小卢硕士毕业后，到一家成立时间早、有实力的公司实习。公司的同事都很尊重她，经理也很重用她。一开始，小卢表现得很谦虚，可摸清公司和同事的底细后，小卢发现公司里的很多员工甚至经理的学历都没自己高。之后，其他同事问她问题时，她总是一副傲慢的表情。而且，她还常向同事嘲笑经理知识上的缺陷。结果，不到一个月，小卢就被辞退了。

同事之间，不可依据学历判定人的高低。

现代社会，很多用人公司招聘都设置学历的门槛。虽然，学历在一定程度上可以反映一个人的文化和专业水平，但不是绝对的。况且，学历不代表能力。进入公司，就应该忽视帮你迈进门槛的学历，而不应该依靠它来发展自我。

有“礼”有面

想要在办公室的人际关系中如鱼得水，最主要的就是与同事相处要一视同仁，不可视地位高低、贫贱贵富区别对待。在工作中，你做你的工作，我做我的工作，没有高低贵贱之分，这就要求每个人都应该有一种平等意识。这种平等意识与能力大小、业绩好坏没关系。在具体的工作中，你的同事无论做得比你好还是比你差，但是作为人，他与你依然是平等的。事实上，连上下级都是平等的，何况同事呢！因此，在处理同事的关系中，最基本的出发点就是要平等地对待每一个人。

1. 不能招呼不周，厚此薄彼

在现实生活中，有的同事可能会因为能力突出，也抓住了机遇从而受到上司的青睐，成为大家眼中的红人；而有的同事可能会因为某些原因在另一个角落默默无闻。此时此刻，同样作为一名员工，不要因为某些同事的一时得势而阿谀奉承，也不要因为某些同事的失意低落而对其冷嘲热讽。

“二人向隅，举座不饮”，这是古话，但是描述的情形在现实生活中却常常出现。这种现象往往是因为有人招呼不周、厚此薄彼，“对上谄，对下渎”，在有意无意间将一群平等的人划分了等级。

在办公室里，无论面对什么样的同事，你都应平等对待，互学互助，建立起和谐的工作关系。

2. 多向老同事学习经验

那些比你先来的同事，自然会比你积累更多的经验，有机会的话一定要聆听他们的见解，这不仅可以让你从他们的成败得失里寻找到值得借鉴的地方，避免以后工作中走弯路，也会让他们感到你对他们的尊重。尤其是对那些资历比你长，但其他方面比你弱一些的同事，更要以诚相待。有些能力很强的人在单位里自视清高，从不把那些有经验的老同志放在眼里，这样就会弄得老同志很反感，在工作的关键时刻有可能因此受挫，毫无疑问，这势必影响他以后的发展。

3. 多多指点新同事

刚来公司的新同事对手头的工作还不熟悉，虽然很想得到大家的指点，但是陌生的环境又会让他心生怯意，不好意思开口，这时，你最好主动去关心帮助他们。在新人最需要帮助的时候，你此时此刻伸出援助之手，一定会让他们铭记终生，从心眼里感谢你的帮忙，同时在以后的工作中，他们也会积极帮忙配合你。在新同事面前，切忌自以为是，不把新同事放在眼里，在工作中不尊重他们的意见，甚至斥责，这些态度都会伤害对方，也会影响你在别人眼中的印象。

综上所述，在待人接物的问题上，对于地位尊贵者，不要一味地谄媚讨好，对于不如自己的人也不要歧视冷落，而是应该一视同仁，只有这样别人才能感受到你的诚挚和热情。

汇报工作——有礼有节、循序渐进

向领导汇报工作情况，是身处职场之人的一项重要工作内容。要想让上司认同你的工作，对你有一个好印象，就更应该讲究汇报工作时的礼仪了。只有明白职场中的礼节，知道什么是职场的禁忌，什么该说，什么不该说，什么该做，什么不该做，且能做到恰到好处，才能充分体现出你在职场上的无穷魅力。

话“礼”话外

小李是某科研机构的工作人员，业务一流，但不拘小节。单位因业务关系派他去某国进修，提高业务水平。进修回国后他去领导处汇报工作，因领导正处理其他事务，请他稍等片刻。小李坐了片刻，于是就大大咧咧地翻阅起了办公室的报纸杂志。领导处理事情完毕，见他身着背心短裤脚上穿着拖鞋，不由眉头一皱，但很快恢复正常了，与他交谈起来。至此之后，单位虽有很多进修学习的机会，但领导再也没有批准小李去。

有“礼”有面

下级向上级汇报工作时的礼仪。

第一，要有时间观念。在与上级打交道时要严格遵守时间，答应上级的事情，要在约定的时间内完成，不可拖延。与上级就工作的事情约定时间见面时，不可迟到，让上级久等，也不可过早到达，以免上级未准备好而难堪。

第二，言谈举止要礼貌周到。与上级交往要礼貌周到，态度谦虚有礼，体现对上级的尊重。如进办公室前要轻轻敲门，经过允许方能入内。客户来访时，要提前通知上级，以便其及时调整自己的体态、心理。汇报工作时，要注意自己的仪表、姿态，文雅大方、彬彬有礼。

第三，做好汇报工作。汇报工作时，内容要讲究实事求是，有喜报喜，有忧报忧，不可歪曲事实或是隐瞒真相，投其所好。汇报工作时，吐字要清晰，语调要平稳，声音大小要适中。汇报结束后，上级如果谈兴犹在，不可有不耐烦的体态语产生，应等到上级表示结束时才可以告辞。告辞时，要整理好自己的材料、衣着与茶具、座椅，当上级送别时要主动说“谢谢”或“请留步”。

第四，避免冲突。工作时，如果上级不注意礼仪，不要冲动，仍要坚持以礼相待。可以采用暗示性语言或动作来提醒上级，也可以直言相陈，但要注意说话的技巧。

谦和点，给他人留下好印象

中国人素来以谦恭礼让闻名。谦和就是一种虚怀若谷的品德。人类成熟的重要标志之一就是谦逊。当一个人把谦逊当作美德发扬时，这个人也就具备了感人的魅力。

在我们的办公室，有这样一些人，他们说话彬彬有礼、虚怀若谷，被周围的同事认同和喜爱，在工作中也如鱼得水。然而，也有一些人，他们总希望成为焦点，希望受到大家的关注，骄傲自大，总想证明自己的能力。初入职场的人们，如果你是后者，一定要逐渐改正。职场人际交往，要虚心，多看看他人的优点和长处，要通过自己的努力不断超越别人、战胜自己。有一天，当你学会了事事处处接纳他人、理解他人、信任他人，不仅会发现他人的许多优点，而且也会容忍他人的某些不当之处，求大同存小异。这样，你的人际关系就会变得融洽和谐。

话“礼”话外

刘莲学的是市场营销，毕业后顺利进入一家外贸公司当业务助理。刘莲的上司是40多岁的业务主管老张，有着丰富的营销经验，由于资历较老，老张总是显得傲气十足，甚至有些骄横跋扈。他经常炫耀自己的辉煌业绩并用鄙夷的口气训斥他人，丝毫不把别人放在眼里。而实际上，很多时候，老张的那些主张与经验已经过时了。同部门的其他同事背地里总是抱怨老张自高自大、目中无人，但毕竟老张是老员工，大家也没什么办法，只能尽量远离他。

其实，刘莲来到单位后也没少遭到老张的训斥。但是刘莲暗自琢磨：老张之所以能居功自傲、盛气凌人，是因为他在商场摸爬滚打多年，经验极为丰富，才拥有骄傲的“资本”。尽管他平时在工作上有些做法不对，但要想说服他，并非易事，直接反驳不可取。于是她主动邀请老张吃饭，并且，一向不喝酒的她还以晚辈的身份敬了老张，饭桌上，她大力称赞老张多年营销的功绩，并表示一定以老张为榜样，努力向他学习业务。老张听到这些话心里十分高兴，拍着刘莲的肩膀说：“小姑娘，你倒是蛮谦虚，不过你要学的真的很多，以后有什么不明白的多问我，我保证把你培养出来！”刘莲听到此话便向其虚心请教拓展业务的方法。而后来，聪明的刘莲在和老张学习经验的时候顺便道出了一些自己的看法，老张这才发现，原来自己的很多观点已经过时了，于是，他对刘莲连连道谢。

这个故事中，刘莲就是个虚怀若谷的女孩，面对“居功自傲型”的前辈，她选择了向老张请教。刘莲先是赞颂老张的能力，对其加以恭维，这充分满足了老张的自尊心，而后又表达了向老张学习的决心，将之奉为榜样，在请教的过程中指出自己的意见，高兴之余，老张自然乐意接受。

有"礼"有面

在职场中，要想表达你虚怀若谷的态度，需要做到以下几点。

1. 多审视别人的长处和自己的短处

因为具有骄矜之气的人，大多自以为能力很强，很了不起，做事比别人强，看不起别人。由于骄傲，则往往听不进去别人的意见；由于自大，则做事专横，轻视有才能的人，看不到别人的长处。因此，待人处世，要多审视自己的短处，看到别人的长处，才能逐渐变得谦卑。

2. 受他人指教时多倾听

前辈和领导想向我们传达经验的时候，我们尽量不要打断对方说话，大脑思维紧紧跟着他的诉说走，要用脑而不是用耳听。

3. 主动向他人请教

对于二十来岁的你来说，你的人生才刚刚开始，需要你学习的东西实在太多，切不可恃才傲物。无论是工作还是人生经验，你都应该虚心地向他人请教。

4. 认真听取别人的意见

如果有同事当面向你提意见，那么，你千万不要不耐烦，也不要随便打断对方的谈话。无论对方的观点是对是错，你也不要贸然地反对或者批评对方"你这是废话""错了"。即使你有这样的念头，也不要表达出来，以免刺激对方，使他们心灰意懒，甚至真的对你转变为敌对立场。

5. 谦逊不是客套

无论是语言还是行为，只有发自内心，才能真正打动人。然而，我们发现，生活中，就是有这样一些人，无论与谁交流，都把"请""对不起"挂在嘴边，给人的感觉是过分客套，搞得别人难为情，这就很难说是真诚。这里缺少点什么呢？就是坦诚和直率！人们喜欢与谦逊的人交往，但却不喜欢过分客套，相反，直抒胸臆，坦诚待人，更能吸引他人。

当然，做人要谦和，并不是要你事事都听从他人，过分顺从就是奴性。人与人之间的关系只有做到平等，才能彼此尊重，互相景仰，才能互换爱心。

小测一下

你了解自己的职场性格吗?

测试导语：

俗话说，性格决定一切。在如今的职场上，个人的“职场性格”因素的确非常重要，决定着你的职场表现，影响着上司对你的看法，左右着你的职业发展。因此，了解自己的“职场性格”，并对症下药，进行适当调整，将有助于你更好地把握职场机遇。

测试开始：

1. 听说难得一见的流星雨要来了，你的反应是什么?

A. 没有兴趣，连相关新闻都懒得看

B. 有点好奇，但看看新闻转播就满足了

C. 是追星一族，当然要留下珍贵的回忆

2. 你平时多久去逛一次百货公司?

A. 好像有好几年没去了

B. 不会主动去，路上经过时会进去看看

C. 闲着没事就可能会去那里逛逛

3. 你对音乐的态度如何?

A. 只喜欢听某一类音乐

B. 凭感觉，有些歌一听就会马上喜欢

C. 很多歌都要听几遍之后才会喜欢

4. 你对常用的交通工具有上锁的习惯吗?

A. 会加上好几道锁，担心治安不好

B. 会另外加装一道安全锁，求个心安

C. 只用基本配锁，觉得自己不会那么倒霉

5. 你闲来无事时会出去散步吗？

A. 会的，不过多半在附近绕圈子

B. 会跑去比较远、平常较少去的地方

C. 喜欢跑到从来没去过的地方冒险

6. 你平均每天到工作地点的时间约需多久？

A.10 分钟以内

B.10～30 分钟

C. 超过半小时

7. 你一早起来是否会有不去公司的想法？

A. 难免，但次数不太多

B. 次数算算还不少，跟心情好坏有很大的关系

C. 只有阴雨天才会不想去公司

8. 你平常是否有饲养宠物的习惯？

A. 我超级喜欢小动物

B. 我喜欢养宠物，只是他们的一些小毛病会让我觉得麻烦

C. 我很少或从来没养过宠物

9. 如果可以在金茂大厦租个楼层来工作，你会选择第几层？

A.50 层，没人打扰，而且视野不错

B. 当然是最高层，喜欢站在最高点的感觉

C. 一楼，进出会比较方便

10. 你洗澡时通常从哪个地方开始涂肥皂？

A. 先洗脸

B. 从胸部开始

C. 从个人私密处开始

计分标准：

选择A计1分；选B计3分；选C计5分，最后汇总分数。

心理透析：

10～19分：真材实料型

你的开拓能力与创新能力不足，没有多少适合你的工作，但你有很强的责任心，一旦决定去做某项工作，就会全力以赴地将工作做到最好。工作中的你热情专注，是个尽职尽责的员工或老板。因此，只要执着地做事，对自己喜欢的专业加以研究，成功就会属于你。

20～29分：老谋深算型

你很懂谋略，知道怎么样避重就轻，懂得包装自己的外在形象以便掩饰工作上的一些小缺陷。人脉很广是你在工作环境中如鱼得水的重要因素，拥有这样的性格在职场上很受欢迎，与同事关系融洽对晋升有相当大的帮助。当然，工作还要出色，有成绩，老板才能更加欣赏你。除了为别人打工外，你也很适合自己做生意，在你的精心管理下，一切都会朝着你期待的方向发展。

30～39分：脱颖而出型

你拥有自己的想法，也喜欢向别人提出自己的意见，只是总不能引起共鸣，往往都是差了临门一脚，自己却不清楚问题究竟出在哪里。实际上，你欠缺的只是重要的启发罢了。继续发挥自己的创意，并努力付诸行动，平时多做些“功课”，打好功底，相信好运气就会到来。

40～50分：创意天才型

你的专业能力也许有些不足，可是你的创意能力却非常出色。你能胜任自己的工作，但总觉得这份工作不能很好地挖掘出自己的才能，所以总是在不停地寻找机会。你很适合从事艺术类或设计类工作，关键要善于利用自己的长处。固定模式的工作类型并不符合你，你可以尝试多找一份兼职，以便最大限度地发挥自己的能力。

第 4 章

“礼”益共享：二十几岁要学的商务礼仪

商业活动的范围已经扩展到世界各地，商务礼仪已经是商业活动中必不可少的一部分，扮演着越来越重要的角色。因此，越来越多的企业也已经把商务礼仪培训作为员工的基础培训内容。

商务会议礼仪：让会议更高效

会议是商务活动的重要组成部分。商务人员需要组织或参与的会议很多，有时是与本单位其他成员进行内部沟通，有时是组织一场产品推广会。不论是哪种会议，作为会议的组织者或参与者，如果大家遵循一定的礼仪原则，就能够大大提高会议的效率和效果。

话“礼”话外

某机关定于某月某日在单位礼堂召开总结表彰大会，发请柬邀请有关部门的领导光临，在请柬上把开会的时间、地点写得一清二楚。

接到请柬的几位部门领导很积极，提前来到礼堂开会。一看会场布置不像是开表彰会的样子，经询问礼堂负责人才知道，今天上午礼堂开报告会，某机关的总结表彰会改换地点了。几位领导同志感到莫名其妙，个个都很生气，改地点了为什么不重新通知？一气之下，都回去了。

事后，会议主办机关的领导才解释说，因秘书人员工作粗心，在发请柬之前还没有与礼堂负责人取得联系，一厢情愿地认为不会有问题，便把会议地点写在请柬上，等开会的前一天下午去联系，才得知礼堂早已租给别的单位用了，只好临时改换会议地点。

但由于邀请单位和人员较多，来不及一一通知，结果造成了上述失误。尽管领导登门道歉，但造成的不良影响也难以消除。

有“礼”有面

会议，即将相关人员组织起来，就日常工作出现的各种问题进行探讨、研究，以便做出正确的决策的一种活动。会前，要对会议的组织进行安排准备，大致有以下几个方面。

第一，拟定会议主题。会议的主题是会议的灵魂，是整个会议准备工作的指导思想。会议的主题明确了，才能够进行会议的其他准备工作。

第二，起草并发送会议通知。会议的主题确定下来之后，会议的形式、内容、目的、议程及人员安排基本明晰，接下来就是起草会议通知了。会议的通知包括：标题，交代大会名称，主要是要突出大会思想；主要内容，会议主要探讨的问题或会议的宗旨；会议时间及日程安排，包括大会开始的时间及结束的时间，会议发言人的顺序等；参会人员，即会议出席人员或单位的名称，也可以笼统地标明参会人员范围，如：全体销售部成员、公司经理以上的管理人员等；会议地点及乘车路线，会议地点的详细地址要写清楚，必要时，可以将乘车路线、车程、车站等信息写明。将会议通知写好，确认准确无误时，将其打印出来，粘贴在布告栏上，或者将其复印出来，发到每个需要出席会议的人员手中。

第三，起草会议文件。会议之前，要将与会议相关的各项文件资料准备好，对于会议的主要资料，比如有关会议主题的主题报告等，要多复印几份，以便会议出席者人手一份，其他比较重要的会议资料有会议开幕词、闭幕词、会议主持人的演讲稿等，是会前必须准备的文件材料。

第四，布置会场。会场的布置要跟会议的性质及主题要求相符，比如，开表彰大会时，会场的布置要使会议氛围欢快、热烈一些；开总结会议时，会场的布置要使会场的气氛庄重、严肃一些。

第五，安排席位座次。会场座次的安排要按照前排尊于后排、中央尊于四周、左边尊于右边的原则来安排。在比较重要的会议上，主席台及各个出席者的座位上要用标签写上各就座者的名字，以免出席者找不到位置造成座次混乱。

第六，安排好会议记录工作。一般比较重要的会议都要安排人做好会议记录。会议记录的工作，一般由秘书或者公司文书来做。会议记录的内容包括：会议名称、时间、地点、主持者、出席人员、大会发言人及其发言的主要内容等。

第七，整理会议记录。会议结束后，会议记录者要将会议的内容整理成文件，以便保存。

第八，协助与会者离开。会议结束后，会议工作人员应该协助与会者散场，必要时，还要为与会者准备车子，送他们返程。

参会者应讲究的会议礼仪规则

会议是商务人经常经历的一项活动，一个正规的公司必定有一套正规的会议礼仪，员工在参加会议时，也需要讲究会议礼仪。特别是对于二十几岁的年轻人来说，会议礼仪尤其重要。

话“礼”话外

小刘的公司应邀参加一个研讨会，该次研讨会邀请了很多商界知名人士以及新闻界人士参加。老总特别安排小刘和他一道去参加，同时也让小刘见识见识大场面。

小刘早上睡过了头，等他赶到，会议已经进行了20分钟。他急急忙忙推开了会议室的门，“吱”的一声脆响，他一下子成了会场上的焦点。刚坐下不到5分钟，肃静的会场上又响起了摇篮曲，是谁在播放音乐？原来是小刘的手机响了！这下子，小刘可成了全会场的明星……

没过多久，听说小刘已经另谋高就了。

有“礼”有面

会议是商务工作的一个必不可少的环节，参加会议是现代人非常重要的一项活动。那么参加会议时，需要注意些什么呢?

第一，提前到场。参加任何会议，迟到都是很不礼貌的行为，会让人怀疑你的专业素质，进而引发他人，尤其是你的老板的反感。参加会议之前，应该再三确认会议开始的时间，然后争取早几分钟到场。一般早到10分钟左右即可，太早或太晚都会让人觉得你没有时间观念。

第二，跟到场人员礼貌打招呼。当会议代表出来迎接你时，要和对方热诚地握手寒暄。如果会议室还有另一些人，要和其中最资深或最有影响力的人先打招呼，再一一与其他人打招呼。如果当你进入时，大家都起立致意，你也必须面带微笑简单回礼，或说“大家请坐”。如果你是会议主持者，可以先跟与会人员闲谈几分钟，让大家放松心情后，再进入主题。如果你只是个会议参加人员，则静候主持人的讲话即可。

第三，选择适当的座位就座。一般大型的会议，会有会议服务人员为你安排座位。如果会议座位未被提前安排，则要自己挑选座位就座。挑选座位有讲究，要根据自己的身份及在这次会议中所扮演的角色来进行挑选。如果你是会议主席，那么可以坐在主席台上的位置；如果你是会议发言人，那么可以坐在会议前排靠近主席台的位置；如果你只是个参加会议的人，那么可以坐在稍后一些的位置。如果你是资深者，可以晚一点入座；如果你是资浅者，则应该较早入座，不要等到资深者让你坐时才坐。入座时，要保持身体平衡，自然而放松地入座。坐在座位上，也要保持良好的坐姿，不要东倒西歪，左右摇晃。另外，要尊重他人的活动范围。不要将自己的会议文件或公文包放在他人的桌面附近。他人在阅读文件时，不要过分靠近他人。

第四，懂得倾听。聆听别人说话，不仅是与人交际的一种礼貌，也是对他人的一种尊重。有些会议主管会根据与会者问问题的水准来判断其是否在专心倾听。适当的听话礼仪包括适宜的面部表情和肢体动作，如身体向前倾、移近、专注及表现出很有兴趣的样子等。适时地提出问题表示鼓励，同时不要未等他人将话说完就接过话儿或回答别人正在提的问题。如果有不清楚的地方，等对方讲完话，再发问。如果不同意对方的意见，也让对方说完，做简要的复述以确定你没有会错意，然后再合理地陈述自己的观点。绝对不要打断别人说话，这是一种极为粗鲁的行为。

接待礼仪：周到热情，谦恭有礼

商务人员的送往迎来是最为常见的工作内容，特别是对外接待，如不懂得各种接待的种类和性质，便很难做好这项工作。因此，对各种不同接待的性质的了解，是商务人员的必修课之一。

话"礼"话外

某楼盘，当日生意冷清，一个斯斯文文的顾客进到了售楼部，他不找售楼员，直奔沙盘而去，这时一个女售楼员就起身去招呼这位顾客说：“先生，您好！”顾客像没听见似的一直仔细看沙盘，看得很认真，售楼员以为他没听见，就又说：“先生，您好，您是第一次来看楼吗？”

顾客仍旧继续看沙盘，售楼员看出顾客是故意不理她的，这个售楼员是个年轻的小姑娘，随即有些生气，但还是微笑地又问了顾客一次：“先生，您需要了解什么吗？我来帮您做一下介绍吧？”

顾客仍然不理她，这个售楼员生气了，直接走开了，她的同事劝她不要生气，继续去接待客户，但是这个售楼员没有去。

正好销售经理来了，了解情况后批评了这个售楼员，然后自己走到了那位顾客身边，他在顾客身边站了好一会儿，然后拿出一张名片伸到顾客面前：“先生您看楼很专心，应该是个行家，不好意思，打断一下，您也歇歇，这是我的名片，我们认识一下，交个朋友。”

顾客看了销售经理一眼，然后接过了名片，看了一眼放进了口袋里。继续看沙盘。

销售经理又说：“先生，我感觉您对买楼很认真，看得很有兴致，我就不打扰了，您继续看，一会儿看完了有什么问题，招呼我一声。”

这时售楼经理走到了一边，边做事边观察顾客，后来顾客主动向售楼经理招手，售楼经理走到他身边，顾客很友好地向售楼经理提了很多问题，两人相谈甚欢，最后顾客高高兴兴走了，一周后这个客户来下了单子。

有“礼”有面

商务活动中，经常要进行商务往来，迎来送往是常有的事，那么在商务场合接待来访客人时，要注意哪些交谈的礼仪呢？

第一，客人来访时，应该热情相迎，并上前握手问候，比如“您好”“欢迎光临”等礼貌性用语。

第二，认真倾听来访者的叙述。商业活动中，来访者一般都是“无事不登三宝殿”，因而在彼此寒暄之后，可以礼貌地问：“请问您今天到我公司有什么重要的事情要谈吗？”当对方在说明此次来访的目的时，不管客人的目的能不能被本公司接受，都要认真地听对方把话说完，不要表现出不耐烦或是没有兴趣的样子。

第三，巧妙回复来访者。对于来访者的意见或者观点，不要轻易表明态度，思考之后再回答，如果一时不能给予来访者答复的，与之约定一个时间再联系。对于来访者的合理请求，按公司规定有义务办理的事情，应该当场答应或立即办理，不要让来访者等待。当来访者的意图或者请求不能被公司接受时，最好不要当面回绝，可以委婉地说：“这个问题我们要仔细考虑一下，再给您答复好吗？”如果是当面回绝也要注意自己的语气、语态，说话时要表现出自己的谦恭及对对方的尊重。

第四，交谈中的谈话礼仪。接待客人时，谈话的表情要自然，语气要平和亲切。与来访者交谈，不可坐得太近，那会给人一种压迫感，让对方不自在；也不可坐得太远，使来访者产生一种疏远感。说话时，可以适当做些手势，但幅度不要太大，更不可手舞足蹈，有失分寸。谈话中如果遇有急事需要离开，应先向对方打声招呼，表示歉意再离开，处理完毕应马上回来，不要让客人等得太久。

第五，要结束接待，可以婉言提出借口，也可用起身的体态语言告诉对方本次接待就此结束。送走客人时，态度要谦恭，可以礼貌地为客人开门，并说：“我们会好好考虑您的意见，您请慢走。”

与客户打交道，注意细节“礼仪”

现实生活中，有不少大学毕业后二十几岁的年轻人都在从事销售行业，人们常说：“销售是最具挑战性的职业。”因为世界上 80% 的富翁都曾是销售人员。不难想象，让客户认可我们是把产品卖出去的前提。但实际上，任何一位客户，在接触销售员之初，都是“防卫的”，我们只有在能迅速地打开潜在客户的“心防”后，才能敞开客户的心胸，客户才可能用心听您的谈话。

话“礼”话外

一天，小小又被领导拉去应酬了。这次，是要与一个大客户吃饭，听领导说，这次是笔大生意。小小很细心，出门前，她询问了一下领导，客户有哪些特别之处。结果，领导的回答是：“没啥特别，就是有点高血压，有点老胃病，都是应酬弄的。”小小记下了这点。

来到饭店，就点菜问题，领导和客户互相推辞，最后，大家决定把这项权利交给小小。小小心想，这是自己表现的时候了。不到一会儿，小小就点了一桌子菜。

这时，小小诚恳地对客户说：“王总，订餐之前，我已经跟酒店嘱咐过了，炒菜不要用动物油特别是猪油，而要用植物油，桌子上基本上是低脂肪、低热量的菜，您可以放心食用。还有，这道白菜心拌海蜇皮，您先尝尝。这是道正宗的醒酒菜，还有护胃的功能。”

“嗯，味道不错，吃惯了大鱼大肉，吃这道菜，还真是挺有味儿。你说它能醒酒？”客户提出了疑问。

“是的，现在市面上有很多种醒酒的药物，但我觉得是药三分毒，我们还不如吃这种营养又健康的小菜。”小小语重心长地说。

这时候，领导也插了一句：“王总，你可别小瞧这丫头，她可是我们公司有名的美食、健康专家啊，还经常教我们一些养生之道。”

“现在的年轻人注重养生的可不多啊，真难得，对了，你那道白菜心拌海蜇皮是怎么做的？我回家让我太太也经常做一些。”

“其实这道菜，做起来很简单，将海蜇皮清洗干净后，切成丝；用清水浸泡两小时，中间换3次水，洗去腌渍海蜇皮的盐和矾；浸泡好的海蜇皮控干水分后，放在漏网里，用80℃左右的热水冲淋一下，并迅速过凉水……”

一场饭局下来，小小和王总就这道醒酒菜聊得不亦乐乎，而这单生意也成功地做成了，而令小小惊奇的是，这个王总还向领导表明将这单生意归为小小的名下。

这则案例中，小小是个细心的人，得知客户有高血压且有老胃病，在点菜时，她便加以留意，而且，她与客户的交谈也是诚恳的，当客户发现小小的善意之后，一下子就打开了话匣子，并最终决定与小小做生意。

有“礼”有面

在销售过程中，不乏小小这样讨客户喜欢的女孩，她们在开发潜在客户的过程中，总是能通过一些细节问题，让客户感受到她们的贴心、善解人意，让客户不忍拒绝她们。

可能不少人会产生疑问，该如何在销售中注意细节问题呢？可以参照如下几点。

1. 得体的形象

当今社会，形象礼仪越来越受到人们的重视，但却有一些销售人员，他们能言善辩，介绍产品时巧舌如簧，但却偶尔做出一些不雅的“小动作”，令其形象大打折扣，因此，作为一名销售人员，更应有意识地避免一些习以为常，然而确实极为不雅的举止仪态。

2. 记住客户的某些特殊日子

当然，面对这位潜在客户，他很可能现在不会购买你的产品，但你依然不要忽视与他的联系和情感交流，因为他可能会为你带来很大的客户群体或者日后他会需要你的产品。为此，你不妨记住客户的某些特殊的日子，比如，结婚纪念日、生日等，并送上你的一份祝福，可以是一份小礼物，他会感激你的细心，并对你留下良好的印象。

3. 迎合客户某些特殊的爱好

打个很简单的比方，如果你的准客户喜欢下棋，那么，你不妨多抽出一些时间与之切磋一下，在这种你来我往中，双方的关系也就拉近了很多。

4. 多强调使用产品时的注意事项

很多销售员在向客户推销产品的过程中，总是将介绍产品的重点放在产品的优势上，而这样无异于王婆卖瓜自卖自夸，客户也不一定会相信，但如果你能告诉客户："不瞒您说，前段时间，有个客户因为使用时不注意，造成了一些皮肤的烫伤，因此，我一定要提醒您，使用这类产品时，一定要小心。"这样表达，更能赢得客户的信任。

虽然以上几个方面看起来似乎只是琐碎小事，但正是这些小事反映出了一个人的文化修养和素质。所以，女孩们，你要想成为一个受欢迎的销售人员，请你一定要随时随地都注意你的一举一动，并向准客户表达你的细心和善意，会让对方更放心、更舒心，从而愿意给你一个合作的机会！

谈判礼仪：避免冷场，实现双赢

在商务谈判进行磋商阶段后，谈判双方或各方都可能为维护各自的利益而相持不下，这种互不相让、进退两难的阶段称为谈判的僵局。为了让谈判能够进行下去并取得良好的谈判结果，必须采取一定的措施才能打破僵局。

话"礼"话外

某种稀有产品是A国的特产，底价每千克20美元，外商皮特前来购买，赵阳是A国的代表。第一天下午开始谈判，赵阳提出每千克27美元的定价。皮特感到吃惊：“价格这么高，是不是搞错了？”“没有，没有搞错！”在得到肯定的答案后，皮特要求大幅降低价格。赵阳不肯松口，双方谈了半天，价格只降下了 1 美元。皮特还是不满意，双方僵持着陷入了冷场，谁也不知道该说什么。到了晚餐的时候传来消息，A 国谈判的代表换成了另一位代表徐平。徐平微笑着与皮特坐到谈判桌旁。皮特询问价格，徐平笑着说：“听说昨天你和赵阳已经谈好了 26 美元的价格。”皮特忙说：“不是不是，还没有达成协议呢！”然后皮特与徐平再次开始价格拉锯，双方陷入僵局。到了中午，徐平说：“这样吧，我们先共进午餐，下午再接着谈。我原来以为你们已经谈妥，我是受命前来商谈其他细节的。但是我们已经僵持了这么久，我可以破例做主再让 0.5 美元。”下午徐平与皮特再次谈判，提出的起价点是 26 美元，外商一听：“怎么上午谈的不算呢？”徐平说：“那就以 25.5 美元成交。”“不行！我绝对不会出 24 美元以上！”情急之中，外商说出了自己的底价，徐平立刻说：“那就按每千克 24 美元的价格成交了。”外商只好同意。

有“礼”有面

在商务谈判中，打破谈判的僵局有以下几种方法。

（1）找出形成僵局的原因。

为了打破谈判的僵局，要找出形成僵局的原因。因为谈判的双方或多方是为了各自的经济利益而进行谈判的，有什么难题都是可以通过谈判和磋商解决的。僵局的原因无非是各方的经济利益、感情因素等主客观原因。只有找出并分析产生难题的原因，才能打破僵局，寻求化解僵局的手段和方法。

（2）缓和冲突、冷静处理。

在争论达到白热化时，为了不伤害对方的感情，可以采取缓和冲突和冷静处理的策略。

可以暂时放下这个问题，转向一个双方都能接受的问题。虽然双方的见解不一致，但是并不是彼此完全对立的关系，双方主要目的都是一致的。冷静处理才能缓和冲突，使双方能平静地继续谈判。

（3）适当让步。

有所失必有所得，在陷入僵局时适当让步可打破谈判的僵局。经验丰富的谈判人员会在适当的时候做出恰到好处的让步，来换取对方的对等让步，让对方满意。在经过谈判人员的协商和冷静思考之后，在不损伤自己一方的利益前提之下，可以向对方做出适当的让步，这样才能打破谈判的僵局。

在谈判进入僵局时，一定要保持清晰的思维和冷静的头脑，运用合乎礼仪规范的方法，与对方进行周旋，才能打破谈判的僵局，取得最终的成功。

商务拜访，让客户多说话

与顾客第一次面对面地沟通，有效地拜访顾客，是商务交往的第一步。只有在充分的准备下顾客拜访才能取得成功。如果懂得商务拜访礼仪，无疑会为拜访活动增添色彩。

话“礼”话外

日本人物评论家伊藤肇先生所著《经营学》中讲过这样一个小故事。

“我去访问一家著名企业的董事长时，到了约定时间，秘书小姐到会客室告诉我，董事长请我再等5分钟。5分钟后董事长出现，立刻向我道歉说：‘刚才我参加了一个很重要的会议，脸上可能带着很严肃的表情，如果我摆出这副面孔和你见面，你一定会认为我是个很难相处的人，为了恢复我原来的心情和表情，让你多等了5分钟，实在很抱歉……’”

有“礼”有面

商务人员在日常工作中需要广泛开展业务联系，免不了经常要进行商务拜访。商务拜访是商务人员联络业务、沟通感情的重要方式之一。拜访工作要想取得好的效果则应当注意以下几点。

1. 明确拜访的目的和任务

商务拜访不同于社交拜访，进行商务拜访之前，拜访者应当想清楚拜访的目的和任务以及采用何种方式、方法完成拜访任务。如果已经约定好时间和地点，那么一定要事先对于约会地点的交通道路、周边环境有比较充分的了解，千万不要到临出发之前才发现必须找份地图查查那个“××大厦”到底在哪个区的哪条路上。

2. 形象准备

商务拜访之前应当对着一面大镜子仔细检查自己的形象——服装是否适合拜访的场合，头发、指甲等是否整洁、卫生，纽扣、拉链是否处置妥当。

3. 控制拜访过程和时间

（1）拜访者应当按照约定时间准时到达会面地点。如果因为特殊情况不能准时到达，应当至少提前15分钟告知对方不能准时的原因并对到达时间做出预测。

（2）拜访过程要有礼貌，比如进出大门时如果服务员或接待员向你问候，你也应当有所表示，不可无动于衷，不理不睬。遵守对方的各项制度，比如不在禁烟处吸烟等。如果约见地点设有前台接待，那么到达后应该主动告诉接待员你的名字、拜访对象的名字和约见的时间，并递上你的名片以便接待员能通知对方。

（3）如果接待者因故不能马上接待，可以在接待人员的安排下，在会客厅、会议室或在前台安静地等候。不要通过谈话来消磨时间，这样会打扰别人工作。如果接待人员没有说“请随便参观参观”之类的话，那么就不要随便地东张西望，也不要伸着脖子好奇地往各个房间里“窥探”。

（4）如果等待时间过久，可以向有关人员说明，并另定时间，不要显现出不耐烦的样子，更不能对接待员发脾气。

（5）在进门之前要先按门铃或敲门。敲门以三下为宜，声音有节奏但不要过重。

（6）即使和接待者的意见不一致，也不要争论不休。对接待人员提供的帮助要礼貌地致以谢意。

（7）商务拜访一般都是业务性拜访，应当掌握时机，适时告辞，不要因为自己停留的时间过长而打乱对方既定的其他日程，影响对方工作。告辞时要同主人和其他客人一一告别，并使用“打扰您了”“谢谢”“再见”等礼貌用语。

（8）如果需要再次拜访，可以在结束此次拜访时，约定下次拜访的内容和时间。

（9）拜访结束之后，对于拜访过程中发现的问题，应当尽早向领导汇报，以便及时解决。

（10）对于对方的热情接待，拜访之后在适当的时间以适当的方式向对方表示感谢。

商务舞会，礼节是门必修课

舞会又叫作交谊舞会、交际舞会，是一种被人们广泛使用的、重要的社交活动方式。它不仅可以联络感情、增进友谊、丰富业余文化生活，还能锻炼身体、陶冶情操。

话“礼”话外

李科是一位很帅气的小伙子，穿着也很时髦。一次，他穿了一件很高档的大衣，恰逢周末本单位举行舞会，便来到舞场。李科见人们都在翩翩起舞，兴致也很浓，热情地邀请一位正坐着休息的女士跳舞。那位女士看了他一眼，很有礼貌地拒绝了他。接着李科又分别邀请了另两位女士跳舞，结果均被拒绝。这是为什么呢？李科百思不得其解。

几次邀请女士跳舞被拒后，一位朋友来到李科身边，拍拍他说：“李科，不能穿着大衣邀请女士跳舞，这是不礼貌的。”李科这才恍然大悟。

有“礼”有面

舞会营造了最普通的社交氛围，能促进人际交往和增进友谊，舞会的礼仪不可忽视。

1. 舞会礼仪

（1）着装礼节。

参加舞会的服饰要整洁大方，仪容端庄。男士应着西装，打领带或领结，皮鞋要擦亮；女士要选择高贵、典雅的裙装或礼服，佩戴华美的首饰，穿上中、高跟皮鞋，并化淡妆，可适当喷些淡雅的香水，长发的女士最好把头发盘成发髻。

（2）邀请舞伴。

男女共舞是交谊舞的主要特点。在舞会上，即使男女双方互不认识，也可以互相邀请对方共舞。通常以男士主动邀请女士为主。男士邀请舞伴时，应稳重大方、彬彬有礼地走到女士面前，微微鞠躬，并伸出右手，向女士发出邀请。待对方同意后，陪伴她进入舞池。如果被邀请女士的丈夫、恋人或父母在场，男士可以礼貌地先向他们致意问候，得到同意后再邀女士跳舞。当自己的配偶、情侣被别人邀请时，要大方、大度，不要不悦或阻止。等一个舞曲结束后，男伴要把女伴送回原座并致谢。

（3）婉拒邀请。

女士不要无故拒绝男士的邀请，如果确实不得已，可以婉言谢绝。但在同一支舞曲内接受其他男士的邀请，会被认为是对前一位邀请者的蔑视，是很不礼貌的。当被拒绝的男士再次前来邀请时，而且并无不礼貌的举止，在无特殊原因的情况下，女士应接受对方的邀请。如果女士同时受到两位男士的邀请，最礼貌又不使人难堪的方法是同时谢绝。如果女士已接受某位男士的邀请，应对再邀请者表示歉意，也可告诉他下一曲与之共舞。

2. 注意事项

（1）国外的正式舞会，当第一首舞曲响起时，一般都由主人夫妇、主宾夫妇先共舞；第二首舞曲响起时，主、宾双方交换舞伴共舞；第三首舞曲响起时，才开始自由邀舞。

（2）两位女性可以共舞，但应避免两位男士共舞，男士还应避免只与一位女士共舞。

（3）参加舞会时，男士不能穿短裤、背心、拖鞋和凉鞋，也不要穿着大衣和风衣起舞；女士不可以穿短裤、凉鞋。

（4）参加舞会前不要吃葱、蒜等带异味的食物，也不要喝烈性酒；不要在舞池内吸烟、来回穿梭，要保持舞场的清洁卫生。

小测一下

你处于商务水平哪个阶段?

运用所学知识，分小组自编、自导、自演开业典礼等礼仪知识情景剧。

[实训对象]：学生、职场达人

[实训器材]：桌、椅、服装及其他道具(剪刀、红绸、盘子等)

[实训地点]：礼仪实训室

[实训要求]：

(1)每四人一组，如需要可另请同学或同事客串，但客串的人不记分。

(2)自己设定一情景，内容包括：介绍、握手、递名片、走姿、坐姿、站姿、服饰打扮、语言礼仪等内容。少一项扣10分。

(3)出场后先由同学介绍剧情，人物。

计分标准：

内容 分数	介绍	握手	递名片	走姿	坐姿	站姿	服饰	语言礼仪	编排	总体印象	总分
小组	10	10	10	10	10	10	10	10	10	10	100
1											
2											

第5章

“礼”行天下：二十几岁的你不可不知的涉外礼仪

中国已经走向国际化，慕名而来的外国人越来越多，出国留学的人也数不胜数。因此，你必须懂得一些涉外礼仪，做一个以礼行天下的中国人。

二十几岁应了解的涉外礼仪

其实无论国内还是国外，对于礼仪的最基本要求就是“尊重”，这是礼仪之本，也是我们接人待物最重要的原则。二十几岁的你，无论涉外与否，无论站、坐、吃、谈，还是日常的其他一些活动，你都应该表现出对别人起码的尊重，涉外礼仪的要求则更是如此。

话“礼”话外

王亮在一家贸易公司上班，经常接触到外国人。一次，公司来了一位外国人来谈业务，由王亮负责，天生就开朗的王亮，话总是比别人多，属于“自来熟”。王亮对待这位外国客户也相当热情，闲聊中，他问到了客户的婚姻，那位客户吞吞吐吐，显然不愿意说。但王亮还是不死心，刨根问底，那位客户终于忍受不了，找了一个借口就离开了，业务也没有谈成。

有“礼”有面

我们在与外国友人接触时，礼仪上应遵守哪些原则呢？这主要有以下三个方面。

一是要自尊自爱。

你都不尊重自己，又让别人拿什么尊重你？这是一个很易懂的道理。这也就是说，你要先把自己当回事，别人才能拿你当回事。在外国友人面前，起码你要站有站相，坐有坐相，举止要落落大方。遗憾的是，有些朋友在这方面就粗枝大叶的，譬如往人前一坐，腿便架起来了，或者肩膀也端上了，事实上这在人家看来都是很倨傲的行为，是很失礼的。但凡这样的人，在国际交往中，尤其是在一些比较重要的场合，怎么会得到别人的认可与尊重呢？所以说，我们要得到外国友人的认可，就要先自尊自爱。

二是要尊重自己的职业。

你在国外工作，那么最起码你要爱岗敬业，因为任何国家看重的都是那些有实力、有所长且又忠诚尽职的人，这一点在国内也不例外。你做不到这点，对工作应付了事，那么无论是在国内国外，你都得不到尊重。

三是要尊重自己的归属。

在涉外交往中，最重要的一点就是要懂得维护你所在组织的尊严，大到我们的国家，小到你所在的公司，你都有义务、有责任去维护它的尊严和形象。这也就是说，你不仅要自尊，还要尊重交往对象，更重要的是要尊重自己的归属。倘若能做到以上这三个尊重，那么你的外交礼仪也就不会出现大的差错。

二十几岁应懂得涉外礼仪的基本要求

涉外交际礼仪的运用既是对自身形象的维护，也是对外国友人的尊重和友好。涉外交际礼仪是不同文化背景下的人一种共同约定的“行为言语”，是每个人都应该学习和懂得的。

话“礼”话外

王霆是一名在德国留学的学生。一次，他参加宴会，发现自助餐中有他爱吃的鱼块，便取了不少，美美地享用起来。吃着吃着，旁边的人全部端着盘子走开了，并且用异样的眼光看着他。王霆感到莫名其妙，不知道自己哪里不对。但他还是吃着鱼，终于将盘中鱼块吃完，桌上留下了一小堆鱼骨和鱼刺。这次宴会后，王霆觉得一些德国朋友似乎对他冷淡不少，却没有发现其中的原因。第一学年结束，他去拜访德国教授，教授请他在家中用餐。餐桌上有香脆的炸鱼，让他不禁想起在中国老家母亲也是这样炸鱼给他吃，很是感动。他和教授一家一边喝着酒，一边吃着鱼，相谈甚欢。但吃着吃着，教授和家人全都看着他。最后，教授的妻子站起身来，脸上有些不快地走开了。

王霆不明白发生了什么，仍坚持把自己盘中的鱼吃完了。用完餐，教授看着他，再看看王霆吐在桌上的一小堆鱼刺，用十分生气的语气对他说："王霆，你太不文雅了，希望你在德国多学一点礼仪。"

有"礼"有面

上面案例属于涉外交际礼仪中的西方餐饮礼仪，案例中王霆因为不懂西方餐饮礼仪，而被朋友们冷落，实际上，这就是中西文化差异造成的。在西方国家的宴会中，我们不要认为宴会就是单纯地用餐，而是以愉快地交谈为主。宴会过程中，你还要不时向邀请您的人表示感谢，这点也至关重要。如果是自助餐，一定不能根据自己喜好和食量，一下子取很多，坐在那里不停地吃下去，而忽略了和身边人的交流。

涉外交际礼仪规范和接待规则还有很多，我们要主动地去了解和学习，才能提高我们的基本素质与礼仪水平。

概括地说，当前世界上通用的外事接待规则，主要有以下几个要求。

1. 注意形象

在外交活动中，我们的一言一行、一举一动，不仅仅代表着自己，更代表着国家、民族、地区、城市，乃至公司的形象，如果说你对自我形象毫不注意，不加修饰，那么，不但无法获得外国友人的尊重，更是一种失礼行为，而且失掉的是国家的礼、民族的礼、城市的礼、公司的礼，所以奉劝那些不修边幅的男女性朋友，在这一点上一定要有所注意。

2. 不卑不亢

这就要求我们既不要崇洋媚外，在外国友人面前畏惧自卑、低三下四、阿谀献媚，也不要自以为是、骄狂自大。合理的态度应该是：坦诚正直、豁达乐观、从容不迫、落落大方，这是关系到国家形象与人格的大是大非问题，一定要谨慎对之。

3. 求同存异

所谓求同，就是要我们了解交际对象的所在地的礼仪风俗，不触忌讳，严格遵守国际惯例，与对方达成共识、良好沟通、不失礼数；所谓存异，就是要我们注意“个性”，不要完全没有主见，像得了软骨病一样一味附和对方。

4. 入乡随俗

这要从两个方面说。如果我们本身是东道主，那么请尽量做到“主随客便”；如果我们充当的是客人的角色时，那么就请尽量去“客随主便”。还是那句话，要想做好这些，你必须充分了解交往对象所在地的风俗习惯，最大限度甚至是无条件地加以尊重。

5. 信守约定

在涉外交往中，我们一定要信守承诺，秀口一张，便不要食言。你所许的承诺一定要兑现，约会必须守时。倘若突然出现了不可抗拒的因素，那么也一定要提前通知对方，如实解释，郑重道歉。

6. 把握距离

人际交往距离有 4 种：第一种小于 0.5 米，被称为“亲密距离”，适用于亲人、恋人和至交之间，我们需要注意；第二种在 0.5 米至 1.5 米之间，被称为“常规距离”，适用于一般交际应酬；第三种在 1.5 米到 3 米之间，被称为“敬人距离”，适用于会议、演讲、接见等正式场合；第四种叫“公共距离”，距离在 3 米之外，适用于公共场合与陌生人的接触。当然，这就要求你根据交往对象的身份、你们所出席的场合、彼此之间交情深浅来做选择，务必要做到恰到好处。

7. 爱护环境

到国外旅游观光或参加其他活动，记得不要毁损自然环境，不要虐待动物，不要损坏公物，不要乱堆乱放私人物品，不要乱扔垃圾，不要随地吐痰，不要大声喧哗，更不要在旅游景点刻上“到此一游”。

8. 以右为尊

在国际交往中，通用的一条准则是“以右为尊”，所以在参加各类正式的、非正式的、商务的、私人的活动时，但凡要确定主次时，只要记得“以右为尊”，一般便不会出现什么大差错。

二十几岁不可不知的对外宾称呼的礼仪

对外交往，当然向外国人打招呼的频率就会增多，但不管用什么形式，都应按照他们的称呼习惯，这样才比较稳妥。

话“礼”话外

方琼是一家外贸公司的业务员，凭借她的实力做到了主管的位置，也就有了和高层领导接触的机会。一次，公司举办酒会，在酒会上她碰到了公司的长期合作伙伴伊万诺夫董事长，小方自认为和这位董事长已经很熟了，就直接称呼他的名字，但她并不知道，她的称呼已经让伊万诺夫非常生气，没聊几句，这位董事长就找借口躲开了。因为，她的称呼让伊万诺夫觉得，对方不尊重他。

有“礼”有面

在对外交往中，通常称男子为“先生”，称女子为“夫人”、“女士”、“小姐”。对已婚的女子应称“夫人”，未婚的女子统称为“小姐”。在不了解婚姻情况下可以称女子为“小姐”，对戴结婚戒年纪稍大的人称“夫人”。这些称呼还可以加姓名、职称以及衔称等。如“市长先生”“布莱克先生”“议员先生”“怀特夫人”“秘书小姐”“玛丽小姐”“护士小姐”等。

对于地位高的官方人，通常部长以上的高官，按国家情况可以称“阁下”。如“总统阁下”“部长阁下”“主席先生阁下”“大使先生阁下”“总理先生阁下”等。但美国、墨西哥和德国等国不习惯称“阁下”，因此，这些国家对男士可以称“先生”，有地位的女士称“夫人”，对有高级官衔的女士，也可以称“阁下”。

对教授、法官、医生、律师及有博士等学位的人士，可以单独称职称。同时还可以加姓氏，也可以加先生。如“法官先生”“卡特教授”“博士先生”“律师先生”“马丁博士先生”等。

对于军人一般都称军衔，知道姓名的可以称姓和名。如“莫利少校”“上校先生”“维尔斯中尉先生”等。

而服务人员通常都称服务员，知道姓名的可以单独称名字。现在在很多国家也称服务员为“先生”“夫人”“小姐”。

小小的称谓是我们在涉外交往时不能忽略的。不管是和认识的或者不认识的人，最先要明确对方的身份和称谓，这样才不失礼节，否则会换来怒目相视。

二十几岁不可不知的外宾接待礼仪

外宾接待的问题，在国际交流中是经常碰到的。在进行国际合作之前，很多外宾都要先参观一下伙伴的公司，以便了解对方具体情况，为决策和合作做好准备。在接待外宾时，必须注意礼仪要求。

话“礼”话外

冉冉，是某公司公关部的一个职员，可能因为职业的原因，平时非常注重自己的容貌。一次，公关部经理临时有事出去，公司派她去接待一位外宾，冉冉完全遵循涉外礼仪的规范，严格要求自己，不允许自己出现丝毫差错。那位外宾，看到冉冉的老练，误以为她就是公关部的经理，这让冉冉感到很尴尬，随后，那位外宾又在公司领导面前夸奖了冉冉，“贵公司连一个职员都对涉外礼仪了如指掌，那么这个公司的业务肯定差不到哪儿去”，这让公司的领导感到非常的骄傲。

有“礼”有面

在接待工作中，对于来宾的招待是重中之重。尤其是接待外宾，更要以礼待客。

在知道有人要拜访时，要预先了解对方正式抵达的时间和要停留的时间。如果没有特殊情况，通常不适合在节假日、午间或夜间招待来宾。

一般公务活动中待客的地点，有会客室、接待室、办公室等。接待一般的来访者可以在办公室。接待重要的客人，要用专门的会客室。接待身份尊贵的来宾，应选择高档次的会客室，如贵宾室。

在时间、地点确定后，室内也应有必要的布置。招待贵宾的房间最好是面朝南，有阳光直射，可以设百叶窗。在使用人造光源时，最好用壁灯、顶灯。

招待来宾的现场要布置得庄重大方，尤其是陈设、装潢色彩要控制在一两种之内，不要超过三种。而招待现场的主色调，不要选白色、黑色、灰色，也不宜选黄色、红色、橙色、粉色、银色、金色。最好之选是草绿色、淡蓝、乳白。

进入外国朋友的客厅应先摘掉帽子，再脱掉大衣、鞋等。在室内不可以戴口罩。

在家中接待外国朋友时，要穿上礼服迎接，不能穿睡衣、内衣、短裤来接待外宾。在同外宾谈话前，要把家人一一向外宾介绍，然后让家人去其他房间。

留外国朋友吃午宴或者晚宴时，一定要事先做好准备，否则不要留外宾用餐。外宾起身告辞时，不能太过挽留，送到门外，等外宾上车和自己告别时，才可以入室内。

二十几岁不可不知的陪同外宾参观礼仪

许多外宾在同国际进行各种形式的经济合作之前，都要先参观一下伙伴的企业或公司，以便了解对方各方面的情况，为决策和合作做准备。在接待这类外宾时，参观礼仪做到位，才能给外宾留下好印象，即使公司提出的条件不优越，也会促成合作。

话“礼”话外

赵楠是温州一家皮鞋厂的厂长，公司是家族企业。公司的业务已经面向国际市场。一次德国一家公司的代表来厂子参观，赵楠非常热情，亲自做导游，当这位外宾问公司一年的生产值是多少，为了留住与德国公司合作的机会，赵楠谎报了实情，于是两家公司合作了一年，但最终因为产品的销路不好，导致年产值不断下降，失去了和德国公司合作的机会，并赔偿了德国公司一笔违约金。

有“礼”有面

外宾来本单位参观时要提前派专人负责进行精心安排，并指定陪同人员，确定好参观的基本程序。同时，要搞好要参观地方的环境卫生。

当外宾来参观公司时公司的工作要正常进行，不可以停工接待。有的单位为了表示热情，在外宾来参观时，常挂一些标语、国旗和外国领袖像，如大幅标语“欢迎 ××× 代表团来我公司参观指导”，这其实是弄巧成拙。通常外宾对这种空洞的形式是很反感的。

在接待外宾时如果与重要的经济合作有关，那么就应该由公司领导亲自陪同，并派一名干练的助手做导游。让下属把一切都安排好，这样才能显出接待单位有风度和气魄。公司领导通常不要去做导游，陪同参观的人不要太多，避免影响工作。但所有陪同人员，不可以中途退场，否则会引起误解。

在陪同外宾参观时要一边看一边介绍情况。主要情况一般由领导亲自介绍。介绍情况时，要实事求是，简明扼要。如果给外宾留下虚伪的印象，那么合作协议会很难达成。

在参观过程中不要夸夸其谈，应时刻照顾到客人的情绪。如果外宾提问，特别是提出一些尖锐问题时，一定要幽默地笑、冷静地答。

参观结束时通常都要拍照。同外宾拍照时不要回避，要大方自然接受拍摄。

二十几岁不可不知的受赠礼仪

在外事交往中，人们经常会相互赠送礼品，以表心意，来增进友谊。但要针对不同的对象来选择不同的礼品。为了表达心意在选择送礼品时要抓住时机，这是一门既敏感，又寓意性很强的艺术。

话“礼”话外

马克斯，来自美国阿拉斯加州，是我大学时的英语外教，为人很豪爽，大家都比较喜欢他。一年圣诞节，他把我们都聚集到教室里，每个人桌上都放了一份小礼物，很精致。大家看着礼物，十分兴奋，都按捺不住要打开，但中国人有个习惯，不会在赠送人面前拆开，这时马克斯用他蹩脚的汉语说：“难道你们不喜欢我送的礼物吗，为什么不打开？”似乎有点生气了，这时同学们才纷纷打开礼物，我跟他解释了同学们为什么不打开礼物的原因，并不是不喜欢。

有“礼”有面

以下是涉外的受赠礼仪常识。

1. 确定赠送礼品的价值

这要根据具体情况来定，通常情况下，欧美等一些国家的人们比较重视礼品的意义而不是货币价值，他们把礼品当作是传递感情和友谊的一种手段。赠送昂贵的礼品，会让对方觉得你另有所图，因而心存戒备。所以在送礼品时，可以选价值不高，并且带有中国特色的礼品，如玉佩、绣品、瓷器、景泰蓝礼品等。一般非洲、亚洲、拉美以及中东国家的人们就比较重视礼品的货币价值。

2. 确定礼品的选择范围

选什么样的礼品，这就需要根据对方的习俗及文化层次来做判断。不同地区的人，由于文化背景不同，他们的爱好和要求也不同。如日本人不喜欢带有狐狸图案的礼品，这是因为日本人把狐狸看作贪婪的象征；法国人喜欢花，但不喜欢别人赠送菊花，因为在法国菊花和丧事有关系。所以，在送礼品时要特别注意这些差异。在送礼品时，不管送什么礼品，包装都要美观大方，否则会让对方不高兴。

3. 赠送礼品的时机要视情况而定

但初次交往时，各国人都不习惯送礼。我国在离别前会送纪念品，英国人一般在晚餐或者看完戏后送礼品，而法国人喜欢在重逢时送礼物。如果想让对方惊喜，也可以在飞机起飞后，让空姐代送。

4. 接受对方礼品后，应表示感谢

接受美国人礼品，要当场打开，以表示欣赏和感谢；日本人的礼品，应等到客人走后再打开，并电话致谢。

总之，不管你用哪种方式，在收到对方礼物后，都要表示感谢。

二十几岁不可不知的涉外社交中的忌讳

个人隐私是指个体出于对个人尊严等其他方面的考虑，不愿意、不希望别人了解或者打听的个人秘密或私人事宜。如果你在国际交往中违背了这项原则，会被认为是没有教养的人。

话“礼”话外

杨兰芳女士是一位有丰富经验、深受国内用户喜欢的家政服务人员。她很优秀，精明能干，充满热情，被家政服务中心派到一家在W城工作的澳大利亚专家家里，做涉外家政服务。起初，澳大利亚专家夫妇对于聪明能干、处处为专家考虑的杨兰芳十分满意。可是，有一天，事情发生了转变。

这天，澳大利亚专家夫妇外出归来。这时，杨兰芳问候了他们之后，便关切地问：“你们去哪儿玩了？”专家太太先是迟疑了一下，然后语气有些冷淡地说：“去少林寺了。”杨兰芳并没有察觉专家太太语气的变化，又接着好心建议：“下次你们可以去看洛阳牡丹，一片花海特别壮丽！”然而，还没有等她把话说完，专家夫妇已转身进入自己的书房，再也不理会她了。见此情景的杨兰芳感到很纳闷，自己的热情为何被浇了一盆冷水。

一个星期后，杨兰芳被以“爱打探主人的私生活”为由解雇了。

其实，从中国的文化背景看，杨兰芳的问话是善意的，是一种热情友善的表现。可是，由于不同的文化与传统习俗，使那对专家夫妇误认为杨兰芳有“窥视僻”，妨碍了他们的私人生活，令人不可容忍。由于杨兰芳不了解西方文化，才会有“好心没好报”的遭遇。

有“礼”有面

在国际交往中，要做到尊重隐私，就应把握“六不问”。

不要问他们的家庭住址：因为在外国人眼中，家庭是私人的领地，对外是不能公开的。即使是私宅的电话号码，通常也不随意告诉别人。

不要问有关婚姻、恋爱问题：谈一些婚姻的问题，外国人常认为是无聊所为，并且很可能被视为诚心让人难堪。

不要问身体的健康状况：每个人的身体和健康状况，都是立足在社会的重要的“本钱”，因而不会告诉他人。

不要问个人经历：外国人主张“英雄不问出处”，如果一再问，会让其觉得你居心不良。他们一向崇尚人权，每个人都有权利拥有隐私。

不要问信仰政见：在国际社会里，提倡“超意识形态合作”，因而，对交往对象的信仰和政见不要冒昧地打探，不然会引来他人的白眼，让人觉得你不礼貌。

不要问在忙什么事：在外国人心里，崇尚个人自由，别人没有权利干涉，更无权询问。如果问了，肯定被视为无话找话。

交谈本身即是一件令人轻松愉快的事，千万不要因不经意的提问而影响了谈话的气氛。

部分亚洲国家的社交礼仪禁忌

近年来，国内的旅游业越来越发达，很多游客喜欢到周边的一些亚洲国家旅游。跨国游除了要了解当地的民俗风情，还要清楚当地的待客礼仪，这样也是对当地文化的一种尊重。

话“礼”话外

春节期间，一位广东商人接待了一位来自新加坡的客户。在欢迎晚宴上，这位广东商人以主人的身份给各位来宾敬酒时说：“非常巧，正值我们全世界华人最大的节日——春节。祝在座的各位新年快乐，家庭幸福，恭喜发财……”他说完祝酒词之后，新加坡客户在整个晚宴过程中都表现得闷闷不乐，第二天的协商会谈也不是很顺利，后来他们的合作也没有取得任何的进展。

有“礼”有面

下面介绍一些亚洲部分国家涉外社交礼仪禁忌。

在新加坡，由于印度人、马来人的缘故，人们非常忌讳用左手传递物品或食物。而用食指指人、用拳头击掌心或把拇指插入食指和中指之间更是被视为极端无礼的动作。在社交场合，新加坡人很少会公开表露幽默感，因此在不太了解别人之前，最好不要在别人面前开玩笑。他们还非常忌讳在公共场合议论政治得失、种族摩擦、宗教是非和配偶情况。此外，新加坡人对色彩想象力很强，他们偏爱红色、绿色和蓝色，认为紫色、黑色代表不吉利。同时，他们非常喜欢红双喜、大象、蝙蝠等图案，认为这些图案预示着吉利。大多数人认为乌龟是一种不祥动物，给人以色情和污辱的印象。新加坡人认为 4、6、7、13、37 和 69 是消极数字，最讨厌的数字是 7，平时都会避免这个数字。值得注意的是，新加坡人对“恭喜发财”之类的语言非常反感，认为这是在教唆他人去发“不义之财”或“为富不仁”，对其说“恭喜发财”会被当作是对他们的侮辱和嘲骂。

新加坡政府还规定在商业上不得使用如来佛的形态和侧面像，更不能使用宗教词句和象征性标志。对嬉皮型男性管制也相当严格，留长发、蓄胡须、穿牛仔装、脚穿拖鞋的人，往往会被禁止入境。

在社交场合，日本人认为高声说话、定睛凝视他人、手插在衣袋里及用手指指人等都是对人的不恭敬。交换名片时，要注意不要从裤子后兜掏出名片，也不能将别人的名片装入后兜，他们认为这是极不尊重人的举动。寄信时，邮票不能倒贴，因为倒贴邮票暗示着断交。另外，他们非常忌讳 3 人一起合影，认为中间的人被左右两人夹着是不祥的预兆。

日本人对 4、9、13、42、44 等数字非常避讳，因为 4、9 的谐音是“死”和“苦”，“42”的日语发音与日语中动词“死”的发音是一样的，所以医院、饭店一般没有 4、42 病床或房间。日本人通常认为 13 包含凶险之意，许多宾馆没有 13 楼或 13 号房间，羽田机场就没有 13 号停机坪。

日本人对一些颜色比较忌讳，忌讳绿色 (代表不祥)、紫色 (代表悲伤)，红色 (代表喜庆) 和黄色 (代表阳光) 是他们喜欢的颜色。日本人在选礼品包装纸颜色也有讲究，大多用花色纸包装礼品。日本人还避谈私人问题、人的生理缺憾，在喜庆场合不能谈不吉祥的话语。这些忌讳跟我国一些文化传统思想很相像。

作为一个非常重视礼仪的民族，韩国人在拥有众多礼节的同时也有着不少忌讳。如在社交场合，站着交谈时不能把手背在身后，忌讳用手指指人，打喷嚏前要先表示歉意，剔牙要用手或餐巾遮住嘴，男子不能问女子的年龄和婚姻状况，女子笑时必须掩嘴等。受“右尊左卑”的传统观念影响，韩国人认为用左手交接物品是不礼貌的行为，所以他们一般会用右手来交接物品。如果对方是长辈，则要用双手交接物品，以表示对长辈的尊重。韩国人比较喜欢单数，忌讳双数，大部分人喜欢用诸如 3、7 这样的数字作为他们的幸运数字。他们非常不喜欢含有“4”的数字，在韩语中“4”与“死”同音，所以在韩国的电梯等类似的公共场所里都用“F”来代表 4。

与其他东南亚国家一样，菲律宾也有很多禁忌习俗，例如在生活习惯上，菲律宾人不喜欢吃生姜、动物内脏和腥味大的食物，也不喝牛奶和烈性酒；忌讳用左手传递东西或抓取食物，他们认为左手是肮脏、下贱之手，使用左手是对他人的极大不敬。在日常生活上，进屋前要先脱鞋，进门时不能脚踏门槛，因为门槛下住着神灵，不可冒犯。他们还认为 13 是“凶神”，是厄运和灾难的象征，所以很忌讳 13 这一数字。此外，红色在菲律宾是不祥之色，民众也非常忌讳鹤、龟这两种在中国代表福寿的动物。

印度尼西亚巴杜伊人在衣着上崇尚白色、蓝色和黑色，忌讳穿其他色彩的衣服，甚至连谈论都不允许。爪哇人最忌讳有人吹口哨，认为这是一种下流举止，并会招来幽灵。

部分欧美国家的社交礼仪禁忌

涉外礼仪是对一个涉外人员印象好坏的考核方式，得体的社交礼仪能让你在众多人中脱颖而出。而那些不合规矩的涉外礼仪，则会让你损失机会甚至前途。让我们一起学习涉外礼仪的禁忌，成为优秀的涉外人员。

话“礼”话外

翻译小陈在接待来自西班牙的客人时，刚一开口就引来尴尬，给客人留下不礼貌的坏印象。原来这位西班牙客人名字是迭戈·罗德里格斯·佛朗哥·巴蒙德，小陈以为他们也是西方人，应该和英美国家一样，后面是姓氏，所以就简称佛朗哥·巴蒙德。没想到这位西班牙客人头也不回地走掉了。

有“礼”有面

下面介绍一下部分欧美国家的一些礼仪禁忌。

1. 美国：忌穿白袜黑鞋

美国人的见面礼节，一般会以微笑、点头示好。如果不是特别正式的场合，美国人连握手礼也省去了。如果不是自己熟悉的亲朋好友，美国人是不会主动亲吻、拥抱对方的，尤其是在商务活动中。

美国人大都喜欢深色西服配黑色皮鞋，忌穿白袜黑鞋。

2. 加拿大：喜欢直呼其名，而略去其姓

加拿大是十分热情的国家，即使是互不认识的人，他们也会主动向对方打招呼问好，对于已经见过一次的友人，他们更会显出极大的热情，还会热情地握手。在一般的场合里，加拿大人喜欢直呼其名，略去其姓，除非在非常正式的场合，才会连姓带名一同加以称呼，并冠以尊称。

3. 德国：厌恶“13”与“星期五”

“13”和“星期五”是德国人极度厌恶的。他们对于四个人交叉握手，伙伴在一些交际场合交叉谈话也比较反感。德国人认为如果在路上遇到烟筒清扫工，预示着会在这一天交好运。在德国，星期天的所有商铺都一律关门休息，选择在这一天逛街，是很难有收获的。把刀、剑、剪、餐刀和餐叉等作为礼物在德国人看来你是一个极不懂礼数的人。纳粹、宗教与党派之争是德国人禁忌的话题，也不要在公共场合窃窃私语。

4. 意大利：约会时，都会晚到几分钟

意大利人有着极强的时间观念。但是，在外人看来，他们似乎很看重时间，但却又不守时。一般，在社交活动中，意大利人总喜欢比约定时间晚到几分钟。据说，这是意大利的一种礼节，也是一种风度。意大利人喜欢说话时靠得近些，不喜欢被人盯着说话，他们认为这种目光很不礼貌。意大利人很喜欢用手势表达自己的意愿。他们与宾客见面时会握手，与久别重逢的亲朋好友热情拥抱，碰见熟人，会招手示意。他们请客时往往茶少酒多，在正式宴会上，每上一道菜便有一种不同的酒。

5. 英国：不善于夸夸其谈，感情不大外露

英国人不善于夸夸其谈，也不喜欢感情外露，在公共场合不喜欢引人注目。与外人交往时，英国人大都善解人意，体谅关心他人。他们不喜欢跟别人争论毫无意义的话题，极少在外人面前发脾气。

英国人待人十分客气，经常把一些礼貌用语挂在嘴边，例如“请”“谢谢”“对不起”“你好”“再见”等。在进行交谈时，英国人，尤其是那些年纪稍大的英国人，喜欢别人称呼其世袭爵位或荣誉的头衔，至少要尊称其“阁下”“先生”或“小姐”。英国人一般都用握手礼跟人打招呼，不会像法国人一样热情地跟人拥抱，亲吻更是不可。这在英国人看来是有失风度的做法。

小测一下

与欧洲人的交往礼仪，你了解多少？

判断下列说法正确与否：

1. 送礼金但凭心意，毫无禁忌。

2. 同时给某公司多个人送礼，先后顺序应该注意。

3. 给法国人送带有公司标识的礼物是不礼貌的。

4. 当你不想要对方的礼物时，一定要解释其中的原因。

5. 送日本朋友礼品时没有包装也没关系，只要心意到就可以。

6. 给意大利人送刀具是断交的意思。

7. 俗话讲，礼多人不怪，所以，送礼越多对方就会越高兴。

8. 一个美国商人去德国访问，在赴德国同事家宴时送了一束红玫瑰。

9. 一位美国商人在韩国给一位韩国朋友送礼，送完礼后，等着对方当面打开他送的礼物。

10. 在俄罗斯参加婚礼，可以向新娘赠送白色或粉色的鲜花，象征纯洁。

答案：

1. 错 2. 对 3. 对 4. 对 5. 错 6. 对 7. 错 8. 错 9. 错 10. 对

第 6 章

家庭礼仪：美好生活有“礼”更精彩

良好的家庭礼仪能够使家庭成员之间相互关爱，营造和睦相处的氛围，还有利于家庭成员思想品德的提高和良好行为习惯的养成。

以身作则，言传身教

父母是孩子的第一任教师，父母在日常生活中的点点滴滴被孩子看在眼里，记在心里，并且作为日后行为的一个模仿标准。父母的言行举止对于孩子的性格、习惯的形成产生了重大的影响，因而父母在与子女相处时，要讲究方法，讲究礼仪。

话“礼”话外

曾子是我国古代著名的思想家。有一次，他的妻子要出门赶集，儿子非要跟着去，妻子为了不让儿子跟着去，诓骗说：“如果你能乖乖在家待着，回来就给你杀猪炖肉吃！”儿子听说有肉吃，便听话在家乖乖待着，等母亲回家。曾子把一切看在眼里。妻子一进门就看到曾子在磨刀，问曾子磨刀干什么。曾子说：“不是你答应儿子，赶集回来杀猪炖肉的吗？”妻子笑着说：“不要磨刀了，那只是哄哄儿子的，你还当真啊。”曾子语重心长地说：“咱们说过的话要算数，说到就要做到。你要知道，孩子是不能骗的，要不然儿子长大了也会不讲信用的。”和妻子商量后，夫妻俩就把猪杀了给儿子炖了肉吃。言传身教，父母的言行感染了儿子。一天晚上，儿子刚躺下又突然起来，拿起桌子上的泥娃娃就往外跑，一边跑一边说：“我答应了朋友，今天要把泥娃娃还给她的，我不能言而无信呀！”曾子看着远去的儿子，会心地笑了。

有“礼”有面

父母是孩子的第一任教师，是孩子思想的启蒙者，父母对孩子的性格形成、心理成长有着潜移默化的影响。每个孩子的身上都或多或少地印有他们父母的痕迹，孩子从小就会将自己的父母当作学习的典范，加以模仿。

家长的一言一行、一举一动都有可能会对孩子的性格产生影响，因而父母在孩子面前就要以身作则，平时在家要运用文明的语言，以良好的行动去影响孩子，为孩子树立一个值得信赖、值得模仿的好榜样。常言道：“近朱者赤，近墨者黑。”父母的人生观、价值观以及为人处世的方法都会被子女加以吸收或者不同程度地“继承”下来。

父母教育孩子的最好、最有效果的方法就是言传身教，以自己的言行去感染孩子，引导孩子，例如，在孩子面前要注意自己的说话方式，不说违背社会公德的话，不说粗鲁缺乏教养的话，孩子也就潜移默化地将说脏话、粗鲁的话当作一件错误的事而加以避免。父母之间有矛盾不要当着孩子的面吵架，要互相谦让、体谅，互相关怀，则子女也会养成谦虚、体贴的好习惯。父母对孩子说过的话，承诺孩子的事情一定要尽量兑现，任何时候不要对孩子撒谎，那么孩子也会养成诚实守信的好习惯。

与长辈的相处礼仪

孝敬长辈是中华民族的传统美德。在现代家庭中，子女与父母相处的礼仪既要对中国传统的家庭礼仪批判性地继承，又要根据时代发展的需求与时俱进地赋予其新的内涵。

话“礼”话外

小秦的妈妈从小喜欢剪纸，55 岁退休后想重拾儿时的爱好，可是刚退休不久就查出患了乳腺癌。手术完成出院后，小秦的妈妈情绪很低落。小秦劝慰妈妈："您得抓紧退休的大好时光，干您想干的事。"同时，小秦发现剪纸可以转移妈妈的注意力，可以使她心情愉悦。于是，小秦便为妈妈买来了专业剪刀、刻刀、各种彩纸和相关书籍。从此，小秦的妈妈用剪纸为家人、为住院的病友送去祝福。小秦还把妈妈的作品拍下来晒到微信上、为妈妈出版剪纸作品集、办展览等。小秦做的这些让妈妈特别有成就感，心情越来越好，身体也越来越好。

聪明孝顺的女儿觉得"有事做""有目标"是让妈妈身心康复的好办法。老有所为、为有所乐、乐而忘忧。妈妈心情一好，身体素质也好了，目前已与癌症"和平共处"了15年。小秦说："支持老妈有所为、有所乐是'抗癌神器'，疗效甚好。"

有"礼"有面

与父母交往中要做好以下礼仪。

以孝为先。孝敬父母要从问候入手。早晨起床，见到父母先要问好，晚上睡觉前要道晚安。当父母生病时，更要嘘寒问暖、倒水送药，并时刻询问父母的感受和病情，及时配合医生的治疗。每到节假日，可以给父母买些小礼物。父母不在乎礼物有多贵重，在意的是子女的一片孝心。与父母分开居住的，要经常前去探望，陪他们吃顿饭、聊聊天。如果双方不在一个城市的，子女要经常致电问候，听听父母的声音，与他们对对话，不要只是发一些书面的文字内容应付了事。平时多注意父母的生活细节，做有心人。父母为了不影响子女的工作和学习，往往会报喜不报忧，有困难或有病痛都自己扛着，如果子女经常关注父母并善于从细节处发现问题，就能及时关心和照顾到父母。

多与父母沟通。对父母说话要轻柔，不要以为父母是自己人，就可以不讲礼仪，甚至粗声恶语。每当父母为自己干了什么活、帮助做了什么事，都应该说声"谢谢"。切忌把父母对子女的关怀当作是天经地义的。遇事要多与父母沟通，尤其是一些人生大事，如选学校、找工作、恋爱结婚等。俗话说，"不听老人言，吃亏在眼前"。父母经历的事情多，社会阅历丰富，多听他们的意见，会给自己提供很多有益的建议和帮助。

关注父母精神上的需求。现在的老人不愁吃喝穿戴，他们对物质生活的要求并不高。著名心理学家马斯洛的需要层次理论认为，当人们满足了生理、安全等基本物质需求后，会追求更高层次上的精神需求。前不久有个针对老年人的千人问卷，在“你最遗憾的事”这个选项中绝大多数的答案是“没有做自己最想做的事”。子女要做有心人，经常注意父母的精神需求，帮助父母圆梦。

要读懂父母的心。父母总希望子女健康、顺利地成长和成才。为了让子女牢记自己的教诲并遵照着去做，难免会不厌其烦地提要求、一遍又一遍地叮嘱。此时的子女一定要理解父母的一片苦心。可以心平气和地提醒父母，告知他们自己已经体会到他们的好意，切忌嫌他们啰唆而厌烦。当父母做事不妥或者有错时，子女不要与他们怄气吵闹或不理不睬，可以耐心解释、婉言相劝。如果遇到特别固执的父母，可以先让自己调整好心态，等父母平静下来后再心平气和、和风细雨地提醒和劝告。只要我们的出发点是关心和爱护父母，矛盾总会迎刃而解的。

同辈之间的相处礼仪

同辈之间的相处礼仪主要指兄弟姐妹及表亲、堂亲同辈之间的关系及礼仪。不论是亲兄弟姐妹还是堂(表)兄弟姐妹，都要相互尊重、关心、谅解、帮助、谦让，长爱幼，幼尊长，彼此爱护，不争不吵，情同手足，共同创造温馨、祥和的家。

话"礼"话外

晋朝时候，王浑娶了个妻子钟氏，弟弟王湛也娶了妻子赫氏。钟氏和赫氏成了妯娌，但这二人都是十分贤德明理的妇人，她们相处非常融洽，一起和睦友爱地共同治家。其实钟夫人是魏太傅钟繇的曾孙女，幼时即已饱读诗文，博览群书，举止容貌都是地地道道的大家闺秀，但她并不因自己的出身显赫而看不起赫夫人。而赫夫人，虽然出身贫寒，但也并不因自己身世不如钟夫人而自惭形秽，或曲意迎合奉承钟夫人。当时人人都称赞这一对妯娌真是难得。

一般来讲，妯娌作为外人处在同一家中，常常会因娘家富贵还是贫贱而生出嫉妒吃醋争风心理，本来和睦友爱的兄弟，也往往可由妯娌的挑衅争执而产生不和、嫌弃。钟氏和赫氏却能亲密无间、友爱和睦，真是世上所有为妯娌者的榜样呀！

有"礼"有面

在同辈交往中一定要遵循礼节，互相爱护，和睦相处，共同创造一个和谐幸福的大家庭。

1. 互相尊敬，互相爱护

同辈之间应该互相尊敬、互相爱护。同辈亲属都是由于血缘或者姻亲关系而将彼此紧密地联系在一起的，不同于世界上的其他同龄人，是更加亲近的一个团体关系，因而同辈之间理当相互爱护、彼此尊敬。

同辈之间的爱护应当是无条件的，不图任何回报的。这种无私的爱不仅表现在经济物质的支援方面，还包括精神情感上的沟通。平辈之间的爱护要平等对待，一视同仁，但对于状况不好或者急需帮助的亲属，应该格外地照顾，对于这种照顾，其他人不应该争风吃醋。

平辈之间，要尊敬年长于自己的人，平时交往时要表现出谦恭的态度，认真倾听长者的意见及建议；平辈之间还要爱护年龄小于自己的人，时时体贴及照顾他们，尽一个长兄或大姐应尽的责任。

2. 宽厚、谦让才和睦

同辈之间的交往，日子一长，难免会有一些磕磕碰碰，产生冲突矛盾的时候，相互之间应该采取宽容的态度。同辈之间不要记仇，能宽容则宽容，能原谅的就原谅，千万不要因为一点小事记恨对方。或者死撑着面子，老死不相往来，都是不明智的做法。

对待同辈的亲属要宽容，不要听不得对方的逆耳之言，见不得对方的逆己之事，当对方在无意中冒犯了自己的时候，要学会容忍对方，即便对方的确做了对不起自己的事情，也要看在大家是一家人的分儿上对其宽容对待。对待同辈亲属要厚道，不要彼此之间争风吃醋，争强好胜，或者挑拨离间。应该多为整个大家庭的利益及和睦着想，彼此之间要宽厚对待。

谦让是一种美德，与同辈亲属之间交往，应该主动谦让对方。同辈亲属之间的谦让，除了指在日常往来时言语行为上谦让对方之外，其实最主要的还是对于大家庭公共财物的谦让上。同辈亲属的交往，不可能像其他人之间的交往一样，可以不牵涉到物质利益的问题。同辈之间关于财物谦让的问题，主要注意以下几点：第一，避免正面冲突，你争我抢；第二，尽可能多地退让，不要过于计较得失；第三，同辈之间对于日常的交往还是要做到“亲兄弟、明算账”，该算清的要算清，不要总让对方吃亏。

3. 有事尽力帮忙

同辈之间，除了要宽厚友爱之外，还要团结互助。同辈亲属之间，互相团结、互相帮忙是天经地义的事情，也是联系相互之间感情的必要纽带。同辈之间的相互帮忙，先体现在日常生活上的相互照应，互相提携上。同辈之间要有共同创造美好生活的愿望，自己富裕了，还要带领全家富裕，对于生活上有困难的同辈亲属，应该尽力帮助。同辈之间的帮忙，还体现在日常工作方面，对于家庭的共同责任，能者多做贡献，弱者尽力而为。同辈之间的帮忙，还体现在情感上的相互宽慰。遇到外人或长辈难以述说的烦恼，不妨跟同辈亲属多沟通一下。对于同辈亲属在思想、情感方面的问题，要及时加以点拨。在帮助同辈亲属时，要倾注全力。而在寻求同辈亲属的帮助时，则要讲不宜强求。

4. 妯娌之间多多担待

妯娌之间的关系是家庭当中很难处理的关系。日常生活中，我们经常会看见，一个原本和谐平静的家庭，由于妯娌人数的增多，而被闹得鸡飞狗跳，不得安宁。妯娌之间关系不好，使得兄弟之间关系失和，进而影响整个大家庭的幸福氛围。妯娌之间相处，如何搞好关系，要注意方式，掌握技巧。妯娌之间相处，要忌在背后说三道四，要多说对方的好话；忌斤斤计较，小事装糊涂，睁一眼闭一只眼；相互之间要经常来往，凡事多商量，不要擅作主张。

和睦邻里的相处礼仪

与邻里之间相处的礼仪：远亲不如近邻，家庭间的各种交往中，交往最频繁的就是邻里了。从主观来说，绝大多数人都想搞好邻里关系。但客观上不知怎么搞好邻里关系，以及搞不好的人为数并不少。所以，学习与邻里之间的相处礼仪十分重要。

话“礼”话外

司马徽（人称“水镜先生”）是东汉末年一位善于识拔人才的有名学者。有一次，邻居走失了一头猪，因为司马家的猪和他走失的猪相似，就误认为是他家的。司马徽并不争辩，说：“是你的你就拿去。”邻居便毫不客气地把猪赶回家。过了几天，邻人从别处找到了自己的猪，很抱愧地把误认的猪送还司马徽。司马徽不但没责备他，反而说邻里间发生这类误会并不奇怪，还赞扬他懂道理、知错能改。邻居听了十分感动。

有“礼”有面

邻里关系融洽，不仅有利于社会的团结安定，也为自己创造了便利的条件。因此，要与邻里和睦相处，形成一种互敬、互信、互助、互让、互谅的新型邻里关系。

1. 邻里居住和谐相处

现在的人们大都住居民楼，房间比较集中，邻里之间相距很近，相互之间都会受到彼此的影响，邻居之间要注意尽量不要给他人带来不方便，尽量创造一个友好和谐相处的邻里环境。

2. 见面、串门的礼仪

邻居之间低头不见抬头见，相互之间一定要搞好关系。见面打声招呼，时不时互串个门，也比较符合中国礼仪之邦的传统，千万不要生活一辈子了，连邻居家几口人都不知道。

邻居之间见面时，要称呼得当。邻居之间，虽然没有血缘关系，但是有时候为了表示亲近，可以用近似血亲、姻亲关系的称呼来称呼对方，比如，称呼比自己父母辈分大的邻居为爷爷、奶奶等；称呼与自己父母同辈的邻居为大伯、婶婶、叔叔等；称呼与自己同辈的邻居为哥哥、姐姐等。所有的称呼前都可以冠以对方的姓氏加以区别。

邻居之间碰面时，要热情打招呼，不要不理不睬，或者装作没看见，那都是没有礼貌的表现。打招呼时，可以点头、微笑或者招手，并说几句客套的话，如“张伯伯，下午好！”等。

邻居之间要互相谦让，互相爱护。比如，遇到邻居老人上楼梯，应该主动上前搀扶；见到邻居搬重物，应该主动让路或者上前帮忙。俗话说：“远亲不如近邻。”每个人都有有求于人的时候，平日里多多帮助邻居，到自己需要帮助的时候，邻居们也会过来帮助你。得到邻居的帮助，要及时向对方表示谢意，这种客套也是不可省略的。

3. 邻居间的交往禁忌

邻居之间天天见面，共同生活在一个圈子里，难免会有这样那样的不和谐，不可能事事都顺大家的心意，然而，邻居间想要长久和平地相处下去，平时就要多加注意，避免发生无原则的矛盾。邻居之间交往都有哪些禁忌呢？

第一，忌小肚鸡肠。

第二，忌说长道短、搬弄是非。

第三，忌“事不关己，高高挂起”。

第四，忌无端猜疑。

第五，忌“得理不饶人，无理争三分”。

互爱互尊是夫妻间的基本礼节

结婚是使原本没有任何血缘关系的男女恋人，通过一定的法律程序缔结为夫妻。夫妻意味着双方的关系有了质的变化，就是要同甘共苦、白头偕老，共同走过漫长的人生之旅。有些人在恋爱的时候可以相敬如宾、小心翼翼，一旦步入夫妻生活后，就会放松对自我的约束，平时的一些不良生活习惯也会暴露出来，日子久了双方就容易产生矛盾冲突。这些都是因为夫妻间在婚后没有重视夫妻关系礼仪的结果。礼仪是夫妻生活很好的调和剂。它可以让夫妻关系变得更融洽，家庭生活更加幸福美满。

话“礼”话外

东汉有个人叫梁鸿，是扶风平陵人。由于品德高尚，许多人想把女儿嫁给他，梁鸿谢绝他们的好意，就是不娶。与他同县的一位孟氏有一个女儿，长得又黑又肥又丑，已 30 岁了。父母问她为何不嫁，她说：“我要嫁像梁鸿一样贤德的人。”梁鸿听说后，就下聘礼，准备娶她。

孟女过门后，每天打扮得漂漂亮亮的。哪想到，婚后一连七日，梁鸿一言不发。孟家女就来到梁鸿面前跪下，说：“我立誓非您莫嫁，夫君也选定了妾为妻。可婚后，夫君为何默默无语？”梁鸿答道：“我一直希望自己的妻子是位能穿粗布衣服，并能与我一起隐居的人。而现在你却穿着名贵的衣服，涂脂抹粉，这哪里是我理想中的妻子啊！”

孟女听了，便将头发卷成髻，穿上粗布衣，架起织机，动手织布。梁鸿见状，大喜，连忙走过去，对妻子说：“你才是我梁鸿的妻子！”还为妻子取名为孟光，字德曜，意思是她的仁德如同光芒般闪耀。

不久，梁鸿为躲避征召他入京的官吏，夫妻二人离开了齐鲁到吴地靠给人舂米过活。每次归家时，孟光备好食物，给梁鸿送饭时把托盘举得跟眉毛一样高，举案齐眉，夫妻十分恩爱。

有“礼”有面

夫妻关系是需要悉心呵护和培育的，相互尊重、以礼相待就是使双方感情不断加深、爱情不断升华的重要条件。事实证明，凡是白头偕老的恩爱夫妻都是相互尊重、相敬如宾的。

1. 尊重对方的习惯

婚姻生活与恋爱的时候不同。恋爱只想着如何讨对方欢心，如何让每一次约会都充满温馨与浪漫。在现实婚姻中，双方会发现婚姻并非自己想象中的那样。在恋爱时很难全面了解，只有生活在一起才能看清完整的他，你会发现对方生活中的一些特殊或不好的习惯。例如：有的人不注意卫生，经常丢三落四，不会打扫和整理居室环境；有的人有“洁癖”，容不得半点肮脏和凌乱等。可是，每个人自小养成的生活习惯和生活方式是很难马上改变的，所以要从尊重理解对方的角度去思考，不是一味地指责和挑剔。如果确需改变的习惯，夫妻双方都要给对方一个改变或适应的过程，操之过急的话，反而适得其反。其实很多所谓的不良习惯都是一些家庭琐事，因为一些鸡毛蒜皮的事搞得家里鸡犬不宁，影响和睦的夫妻生活，实在是得不偿失。聪明的做法就是慢慢地影响对方，以及潜移默化地让其渐渐改变。

2. 尊重对方的隐私

尊重对方的隐私就是要尊重对方内心的情感，对于其曾经经历的困境、痛苦等，如果对方不愿意提及的，就不要追问，更不能寻根刨底和揭疮疤，尤其不要主动询问对方曾经的感情经历。夫妻双方都有父母及其家庭，每个家庭或许会有一些不想扩散的隐私。如果对方有各种原因，不想让自己知道或介入时，要理解，不要心存芥蒂。有的人喜欢藏点私房钱，以备着急或必要的时候使用。聪明的做法是，除了较大的款项需要夫妻双方商量决定外，应允许双方存放一些随时可以支配的零用钱，让各人自主支配。

3. 相互欣赏和感恩

人人都喜欢听赞扬的话。学生听到老师的表扬会更加努力学习，员工得到领导的称赞会发奋工作。夫妻间的互相欣赏更是婚姻的黏合剂。丈夫欣赏妻子的贤惠和能干，妻子欣赏丈夫的担当和豁达，这样的夫妻关系是最有吸引力的。恩爱夫妻还会在朋友和家人面前，给爱人留足面子。你对爱人的态度，决定了别人对他的尊重程度。如果你不在乎他，别人就会看轻他。当对方拖着疲惫的身心回到家时，此刻需要的是一句温暖的问候，而不是你的唠叨、数落或冷言冷语。现实生活中，夫妻双方都有自己的工作，如遇到不愉快的人和事，不要把自己在工作中的坏情绪发泄到对方身上，有可能他今天也经历了同样不高兴的事情，给彼此一个微笑，才是让婚姻长久的法宝。如果一方实在因为在外受到委屈而憋屈时，另一方也应该做好他的“出气筒”，让其宣泄、调整好心情，迎接新的一天。在生活中，夫妻双方要多看对方的优点和长处，不要说有损对方自尊的话，不要总是批评、指责对方，要知道，好丈夫或好妻子都是夸出来的。

夫妻之间也要懂得感恩，当对方为自己或家人辛勤付出时，要善于向他表达谢意和感激。有的人会错误地认为，当他人为自己提供帮助时，向其表示感谢是应该的，但夫妻之间是自己家人，相互之间的关心是应该的，根本不用客套，不向对方表示感谢是理所当然的。

夫妻关系做到“五忌”

现代生活中对于夫妻之间的关系和礼仪我们通常会用“相敬如宾”和“举案齐眉”来形容。这两个词语都被用来形容夫妻之间的相互尊重。许多人结婚以后或者没有结婚而两人待在一起时间很长，彼此的言辞不再讲究，彼此的修养也随着时间的推移而日渐减少，这都会磨损彼此的感情。

话“礼”话外

倪女士是一家企业的老总，名副其实的女强人，这段时间，她与丈夫的关系每况愈下，几乎是大吵三六九，小吵天天有。倪女士很苦闷，于是来到心理咨询室咨询。心理咨询师听了她的叙说后，给了她一些改善夫妻关系的建议。倪女士将信将疑地按照咨询师提出的建议试着去做，一段时间后，果然有效。你知道心理咨询师给了她什么建议吗？

原来，造成倪女士夫妻关系恶化的主要原因是：倪女士工作繁忙，所有的家务杂事、孩子的教育等都由她的丈夫承担。她的丈夫为了她的事业，也很努力地做好“贤内助”。倪女士认为自己为了家庭，在外打拼，丈夫为了这个家承担家务，只是分工不同，是理所当然的。为此，平时对丈夫在家里默默地付出，从来不会说“谢谢”。她觉得夫妻之间都是自己人，没有必要客气。加上管理企业很辛苦，她回到家里就累得趴下，家务事一律不经手，认为丈夫为自己和家人服务是应该的，还会对丈夫做的家务事“指三道四”。时间一长，丈夫感到很委屈，认为妻子瞧不起自己，双方的矛盾不断升级。后来，倪女士试着用心理咨询师提供的建议，夫妻关系真的慢慢改善了。

有“礼”有面

夫妻双方原本生活在不同的家庭，结婚后有一个互相进一步了解和磨合的过程。双方有不同的意见和生活方式是正常的，互相说理、斗嘴也在所难免，但是要就事论理，做到以下“五忌”。

（1）忌翻旧账。不要把对方以前说错的话，或者犯过的错误等再翻出来数落对方；不要“哪壶不开提哪壶”。

（2）忌说“分手”。不要一有矛盾就说“分手”“离婚”，这是最伤夫妻感情的话，也是夫妻相处之大忌。

（3）忌无端殃及对方父母和家人。不要夫妻吵嘴时，把对方无辜的父母和家人一起牵涉进来。

（4）忌说脏话和人身攻击。

（5）忌与别人比较。有的人在争吵时口不择言，常会拿自己的妻子或丈夫和别人进行对比，用他人的长处来贬低自己的妻子或丈夫，结果只能是摧毁对方的自尊和自信。

夫妻间要互信互谅

结婚后少了恋爱时的浪漫与激情，平淡的生活容易让夫妻双方产生厌倦的心理，这时就需要夫妻双方能够互相关心理解和包容，平时需要多沟通，能够多站在对方的角度去考虑问题。要能够充分地给予对方信任，只有在信任的基础上才能比较好地进行沟通，如果做不到经常沟通，那夫妻关系就很难正常地维持下去。

话"礼"话外

小谭和丈夫是不同届的大学校友，两个人从相识、相知、相恋到结婚成家，关系和谐，一直很恩爱。可是最近一段时间，小谭发现丈夫有点异样：食欲下降，脸色发黄，精神状态也不如以前，每天无精打采的，也不愿多说话。原来前几天是丈夫公司发薪水的日子，可是他却说同事小汪急用钱，他就把这个月的工资借小汪救急了。小谭问丈夫是不是身体欠佳，他又说没有哪不舒服。带着疑问，小谭找到了丈夫的同事小汪，这才知道一个月前，公司裁员，丈夫被解雇了。丈夫生怕妻子着急，打算等找到新工作后再告诉她。谁料一个月以来，虽然他面试了一些单位，但是，一直没有找到合适的工作。知道了实情后，小谭既生气又心疼。回到家里，小谭特意为丈夫烧了几个喜欢吃的菜，开了一瓶丈夫平时不舍得喝的红酒，犒劳丈夫。饭后，小谭趁着丈夫心情较好的时候，对他推心置腹地说："你的事我已经知道了。这一个月来，真是难为你了。我知道你怕我着急才不告诉我的。可是，咱们是夫妻，遇事共同商量、共同面对，总比你一个人苦苦担着要好得多呀。何况，失去了工作，可以给我们更多的选择新工作的机会。可是，如果把你的身子憋坏了，这才不划算，才让我着急呢。以后，有事一定要一起商量哦。"听了妻子一番善解人意的话语，丈夫非常感动，从此振作精神，轻装上阵，不仅找到了一份心仪的工作，夫妻之间又是多了一份谅解和信任，关系更和谐了。

有"礼"有面

在人际关系中，信任和谅解非常重要，夫妻相处更是如此。

1. 遇事多商量

夫妻之间无论是生活上的一些细节安排，还是有关家庭的重要决策，要有商有量。这不仅关系到双方的知情权，也体现了相互间的信任。倘若，经常把在外碰到的开心事与他一起分享，将学习、工作和生活中遇到的困惑与他多商量，就像知心朋友一样，则更能加强夫妻间的信任感，增进夫妻感情。

2. 给对方相对独立的交往空间

现代社会中的每个人都是独立的"社会人"，人与人之间的交往，既是社会生存的必要，也是人类情感交流的需要。夫妻双方除了家庭空间外，还有各自工作、发展和交友的空间，这就要求夫妻双方给自己所爱的人充分的信任，让彼此都能拥有一个自由发展和健康生存的空间。夫妻间的信任是助推器，可以促进双方更加努力地学习和工作；夫妻间的信任是催化剂，能使爱情生活更加甜蜜和幸福。

3. 不要无端猜疑

社会交往难免会与异性接触，因工作需要与异性单独会面也是很正常的，双方都不要胡思乱想、捕风捉影，要对自己有信心。当我们听到对自己的爱人的不好传闻时，要沉住气，千万不要由此对自己的爱人产生怀疑，乱了方寸；同时还要正告“传话”者，自己不信传闻，请不要再做“传声筒”了。当然对真正关心自己的朋友，还是要表示感谢的。如果自己也有怀疑时，可以回到家里心平气和地与爱人沟通，千万不要当着外人的面质问、争吵。我们要相信爱人，相信自己的选择，相信他就是相信自己。

总之，只要夫妻双方遇事多一些理解和体谅，多一份信任和宽容，多一点自律和自检，相守到白头的愿望并不难实现。

夫妻间要同甘共苦

当男女恋人携手缔结姻缘后，不仅步入了甜蜜的夫妻生活，也预示着双方同甘共苦的家庭生活开始了。

话“礼”话外

谢先生夫妇结婚已近 40 载，一直相敬如宾。一天，一位被生活琐事搞得焦头烂额、夫妻间经常争吵的年轻丈夫小黄向谢先生讨教秘籍：“你们俩在职时，都是单位的主要领导，工作都很繁忙，父母不在身边，孩子从小也是你们自己带的，而且培养得很优秀。请问，你们是怎样分配家务，怎样解决家庭矛盾的？”谢先生笑着回答：“家庭矛盾肯定不可避免，问题是解决矛盾的方法。我们俩有‘约法四章’。第一，我们把家务活当成夫妻俩共同承担的义务和责任，谁先回家谁先干活。第二，经常互相表扬积极承担家务活的对方，让对方累得心甘情愿。第三，如果一方对另一方所做的家务不够满意的话，不要指责，与其埋怨对方，不如自己去干，做出榜样。第四，批评对方要委婉、有点艺术性。有时，我做菜多放了盐，太太不是责怪我盐放多了，而是笑眯眯地说‘今天的盐是否免费供应啦？’我就知道菜烧咸了，就很容易接受她的善意批评。反之，她用指责的口气对我说，我一定会回敬她‘别嫌弃，以后你自己回家烧！’”看来，谢先生夫妇的秘籍，值得我们年轻夫妇效仿。

有“礼”有面

夫妻生活不可能事事完美、时时顺心，生活所带来的困难、学习工作中遇到的挫折难以预料和避免。夫妻应该是彼此的精神支柱，是双方的坚强后盾，应该有福同享，有难同当。

1. 共同承担家务

每个家庭遇到的是开门 7 件事“柴、米、油、盐、酱、醋、茶”，家务活要比男女单身的时候多了许多。家务劳动是家庭生活的重要内容和必要需求。从买菜择菜做菜、淘米烧饭洗碗，到洗衣、打扫、整理房间。有了孩子以后，家务活就更多了。夫妻双方有共同承担家务的义务。丈夫可以多承担一些繁重的体力活，妻子则可以多做些细碎繁杂的家务。如果一方工作时间较长、工作责任更重的话，另一方要主动多承担一些家务，相互关心和体贴。凡是夫妻双方主动承担家务，把家务劳动当成自己必须承担的责任的，看着家人享受自己的劳动成果时，会感到由衷的快乐和满足，这样的家庭必定是幸福和谐的。切忌在家务劳动的分工上斤斤计较，更不可“君子动口不动手”，非但不做，还指手画脚、到处挑毛病，甚至指责对方。这样做只会伤害夫妻间的感情。

2. 共同勤俭持家

勤俭持家是中华民族的传统美德。勤俭持家就是要管理好家庭经济，既要开源，也要节流。夫妻双方要先努力工作，合理挣钱养家糊口，争取让家人过上幸福的生活。其次要量入为出、理性消费，不要去盲目攀比，追求名牌，追求高消费。有计划的家庭，夫妻双方要对实际收入做个规划，合理分配支出，并根据家庭的消费能力，分轻重缓急统筹安排。遇到庆生、添子等家庭庆贺之事，要提倡节俭，不要大操大办、挥霍浪费。对于必要或不可避免的人来客往的人情消费，也要实事求是，量力而行，千万不要“打肿脸充胖子”。总之，不切实际的过度消费，会给家庭经济造成困难，使家庭生活陷入困境，让夫妻关系恶化。

3. 共同担当责任

夫妻间的同甘共苦不仅体现在物质方面，更要在精神方面关心对方的喜怒和哀乐。当丈夫在工作中、在对外交往时遇到压力、困惑、不愉快，需要找人倾诉时，妻子就是最安全、最合适的倾诉对象，要善于做个“好听众”，让丈夫“宣泄”、减压，千万不要嫌烦、更不能做“事后诸葛亮”，埋怨、责怪丈夫。当妻子在外受了委屈，心里窝“火”，对丈夫发脾气时，丈夫要乐于做个“出气筒”，等妻子平静下来后，再慢慢开导、安慰她，切忌与她一起发火、吵架，影响夫妻感情。

夫妻齐心赡养老人，也是共同承担责任的重要方面。双方父母含辛茹苦把子女拉扯大，等子女有了家庭生了孩子后，他们往往又帮着照顾孙辈。父母给予的爱是无私和伟大的。当他们衰老的时候，当他们生活不能自理时，作为子女，夫妻应该义不容辞地共同担当起赡养的责任和义务。而且对自己的父母要尽心尽责，对爱人的父母更要孝顺有加。这样做会进一步增进夫妻间的感情，也使家庭更加和谐、幸福。

夫妻之间不要吝啬你的赞美

俗话说：“良言一句三冬暖，恶语伤人六月寒。”一句赞美的话语，可以使人在天寒地冻的冬天都能感觉到温暖。所以，夫妻之间不要吝啬你的赞美，让赞美成为增进彼此感情的催化剂。

话“礼”话外

曾经听到一个妻子抱怨丈夫懒，家务活从来不干，后来邻居大姐给她支着儿，让她时不时赞美一下老公，比如，两人在外的时候，妻子就跟邻居说：“我老公懂得心疼人，在家还帮我干家务活呢！”或者当老公的面跟子女说：“你爸爸做的饭可比你妈妈做得好吃多了，不信问你爸爸。”如此，几次下来，她老公人变得勤快多了，每次做家务都抢着干，夫妻之间的关系也更融洽了。赞美是一剂良药，可以让女人变得更美丽，男人变得更温情。

有“礼”有面

“金无足赤，人无完人。”每个人都是不完美的，指责跟命令式的批评是否能够取得预期的效果呢？答案当然是否定的。每个人都不希望被人指责，都希望被他人肯定。心理学家卡耐基说过一句非常精辟的话：“要想改变一个人而不引起伤害的第一个原则就是从赞扬跟感激开始。”

赞美有利于夫妻之间的沟通，愿每一对夫妻在赞美中化解矛盾，在赞美中升华爱情，在赞美中保持婚姻的永恒！

赞美不一定要郑重其事，一个赞许的眼神、一个深情的拥抱、一句夸奖的玩笑，都可以让对方心动感激。夫妻生活中要常常挖掘对方身上的闪光点，并适时赞美，让彼此的感情在赞美声中和和美美地进行下去。

小测一下

婚姻满意度测试

测试导语：

生活中，很多夫妻都会吵架，归根结底都是婚姻不幸福引起的。你的婚姻幸福吗？测试一下吧！

测试开始：

测试时，请你根据自己的实际情况和真实想法作答。

1. 能说出配偶至交好友的名字。

A. 符合　B. 不确定　C. 不符合

2. 能明白配偶目前正面临何种压力。

A. 符合　B. 不确定　C. 不符合

3. 知晓近来一直惹怒配偶的一些人的名字。

A. 符合　B. 不确定　C. 不符合

4. 能道出配偶的某些人生梦想。

A. 符合　B. 不确定　C. 不符合

5. 能了解配偶基本的人生哲学。

A. 符合　B. 不确定　C. 不符合

6. 能列出配偶最不欣赏的那些亲戚的名单。

A. 符合　B. 不确定　C. 不符合

7. 能感到配偶对你了如指掌。

A. 符合　B. 不确定　C. 不符合

8. 分居两地时，你会经常思念配偶。

A. 符合　B. 不确定　C. 不符合

9. 你时常会动情地抚摸或亲吻配偶。

A. 符合　　B. 不确定　　　C. 不符合

10. 配偶由衷地尊重你。

A. 符合　　B. 不确定　　　C. 不符合

11. 婚姻中充满了热烈和激情。

A. 符合　　B. 不确定　　　C. 不符合

12. 浪漫仍绝对是婚姻生活的一项内容。

A. 符合　　B. 不确定　　　C. 不符合

13. 配偶欣赏你所做的事情。

A. 符合　　B. 不确定　　　C. 不符合

14. 配偶基本上喜欢你的个性。

A. 符合　　B. 不确定　　　C. 不符合

15. 大多数情况下性生活令双方满意。

A. 符合　　B. 不确定　　　C. 不符合

16. 每天下班时配偶乐于见到你。

A. 符合　　B. 不确定　　　C. 不符合

计分标准：

选 A 得 2 分；选 B 得 1 分；选 C 得 0 分。

心理透析：

10 分以上：你对婚姻极其满意，与配偶感情牢固，拥有令人羡慕的美满婚姻。

6 ~ 9 分：你对婚姻的满意度不高，感情有待改善，你可以通过加强交流和沟通等基本方面入手，逐步提高你的婚姻满意度。

5 分以下：你对婚姻极不满意，很可能存在感情危机，需要双方冷静理智地对话，寻找解决的办法。

中篇

二十几岁男人不可不知的社交礼仪

在造就一个有修养的人的教育中，有一种训练必不可少，那就是优美、高雅的谈吐。

——哈佛大学前校长伊力特

第 7 章

有“礼”有面：二十几岁男人必懂的形象礼仪

男人一定要注意自己的形象，特别是一些细微之处，一个不当的动作细节就能破坏你辛辛苦苦建立的形象。所以，记住“打扮”并不是女人的专利，让自己做一个有感染力、有品位的男人。有品位的男人在于他的修养，有修养的男人诠释着男人的独特魅力。

蓬头垢面——男人最无礼的表现

外在形象是一个人的第一张名片，因此男人应当注重自己的形象与打扮。蓬头垢面，穿衣随便会大大折损你的个人魅力，进而影响你的交际，对方会认为这是一种很无礼的表现，对方会认为你并不重视他。

话“礼”话外

笔试之后，小朱和另一个男孩进入最后一轮面试，由人事部经理亲自主持。今天的风很大，小朱的头发被吹得凌乱不堪，小朱随便理了一下，就去面试了。面试结束后，经理告诉他，他们录用的是另一个男孩。他承认朱凌的学历高，长得也比那个男孩帅，但他实在不能接受一头散乱的头

发。在这个细节上，小朱做得远没那个男孩好。

有“礼”有面

一个人的良好形象要从头发开始，无论你是长发或是短发，无论你选取什么发型，前提都是要保持头发的整洁。头发脏污不堪，或是凌乱无序，会让他人远离你。

保持整洁的头发是最起码的礼仪。无论何时何地，我们都要注意自己的仪表。也许在很多人看来，头发只是细节问题，无伤大雅，但如果这个细节处理不好，会给自己带来很多麻烦。面试时，谁也不想看到蓬头垢面的面试者；接待客户时，随意散乱的头发也不会让客户有好感；拜见长辈时，凌乱不堪的头发更会让长者生气，认为得不到尊重。头发的整洁属于一个人外在的形象，是他人判断和认识你的第一步。注重外表的人，人们更乐于接触，也更容易与之交好。连自己形象都不注意的人，别人也不愿过多注意他。保持头发整洁，既是对自己的形象负责，也是对他人的重视和尊重。

要想给他人留下一个好印象，就得从头发做起。

（1）要时刻保持头发的整洁。

（2）大风天气，进入室内要先整理好头发。

（3）职场男性尽量不要披头散发。

男性入座后切忌露出腿毛

由于男性生理条件，男性腿毛较为密集且长。有些喜欢追求和呈现男性阳刚之美的人，往往会把腿毛露出。虽然这是表现自我的一种方式，但入座后露出腿毛则是不合礼仪的。尤其当你的对面是女性时，更不应当随意露出腿毛。

话“礼”话外

周一是某公司新上任的经理，亲民自然。一次，来了一位女性客户，周一将对方请入接待室。周一礼貌地请对方先入座，客户也对这位经理颇有好感。周一坐下后，两人针对将要合作的事情进行交谈。可就在谈到关键处时，周一跷起了二郎腿，右腿上的腿毛赫然呈现在客户面前。对方调侃地问道：“周经理的裤子看来不太合适啊，裤腿似乎短了……”意识到失礼的周一，赶紧放下腿来，尴尬地向对方道歉。

有“礼”有面

露腿毛是一种不雅观的现象，容易让对方产生反感，认为你不注重礼仪，举止不够得体，不够绅士，还会让对方以为你不尊重或是有意挑逗她。如果不是穿短裤，站立时，男性很少会面临这样的问题，但在入座时，一不小心腿毛就会露出来，这样会显得很粗鲁。无论是你的好友还是初次见面的陌生人，他们都不希望自己面前的这位男性将自己不雅观的一面表露出来。尤其是常常接待客户的职场人士要格外注意这个礼仪方面的细节。当然，如果是在私人场合，在不影响他人视觉感官的前提下，还是可以根据自己的喜好稍稍放纵一下的。

为了保持良好形象，男性应注意以下几点，以免露出腿毛。

（1）在正式场合，男性不宜选择穿短裤。

（2）选择长短合体的衣裤，保证入座时裤脚盖住脚踝。

（3）入座时，不要跷二郎腿，以免裤子褶皱，露出腿毛。

男性应及时修整鼻毛

对于爱美之人来说，最忌讳的就是忽略细节。作为礼仪方面应注意的问题之一，鼻毛是很关键又很容易被忽视的部位。

话“礼”话外

某食品公司经理接受记者访问时，大夸其生产的食品如何安全、绿色。为了推广公司产品，还将这段采访视频放到公司的官网上。可一个月下来，公司的销量不但没有上涨，反而降低了不少。这位经理实在不明白其中的原因。直到无意间听到下属谈话才明白，原来在接受访问时，镜头中的自己露出了鼻毛。这不仅让观看视频的人感到恶心，也影响了公司的形象，使人们对其公司的食品产生了质疑。

有“礼”有面

在一般人的印象里，鼻孔是藏污纳垢之地，稍有不注意，很容易引起别人的反感，自己的形象也会因此受到损害。鼻孔的清洁与否直接关系到个人卫生问题，鼻毛是否露出也涉及个人的礼仪问题。虽然从生物学上讲，鼻毛对人体是有益的存在，但是如果鼻毛过长，就会极大地影响自己的形象，给人以粗俗不堪的感觉，尤其是对于女性。如果是作为公司的代表与外界进行谈判或者交流沟通，不注意的话，还会使公司因个人的小细节而形象受损。因而在鼻孔的清洁方面，需要格外注意鼻毛的问题，养成定期修剪的习惯。这可以给自己塑造一个健康洁净的职业形象。

保持良好仪容，不可忽视鼻毛。修整鼻毛应注意以下这些方面。

（1）每日洗漱完毕后，要定期检查鼻毛。并及时修剪。

（2）修剪鼻毛不可用手拔，应选用专用小剪刀。

（3）不可在他人面前修剪鼻毛。

（4）与他人谈话时应注意角度，不要把头抬得过高。

男性吸烟者要注意美化牙齿

人们在展现笑容时，牙齿时常会暴露在外，标准的笑容更是要求露出6–8颗牙齿。因此，对于吸烟者来说，保持光洁的牙齿无疑是个挑战。

话“礼”话外

王声是某公司公关部经理，经常出席宴会和接待客户，由于常年吸烟，牙齿上积留了烟渍。但王声每次出现在众人面前，一开口，总是两排光洁的牙齿。原因是王声每天刷牙的时候对牙齿进行保养，使其保持清洁。因而，无论是朋友还是客户，大家都对他时刻保持的良好形象表示赞同，也很乐意与他交往。处理起工作来，王声往往也得心应手。

有“礼”有面

每个人都希望自己能拥有两排皓齿，这样在与他人交流时，不仅能使自己自信，而且自己更易于被他人接受。长时间吸烟，牙齿上会留有烟渍。黑黄色的烟渍，往往会令他人拒你于千里之外。布满烟渍的牙齿呈现在他人面前，会让人觉得不清洁。同时，这也是一种不礼貌的行为。尤其是对于初次见面的人来说，牙齿不洁净，给人的第一印象是这个人不注重卫生，而且有烟瘾。牙齿洁净与否，会直接影响到自己的形象和他人对你的评价。没有公司愿意录用牙齿歪歪扭扭或是满齿烟渍的人。吸烟者如果每天细心清理牙齿，同样可以使牙齿保持光洁。

吸烟者要想去除牙齿上的烟渍，要谨记以下几点。

（1）每天刷牙后，可以用少量毛巾蘸取苏打水均匀擦拭牙齿。

（2）为了应急，可以去医院洁牙，但不建议长期这样。

（3）当然，最根本的办法是戒烟。

男性蓄须要与自己的形象和职业相吻合

自古以来，男性就有蓄须的习惯，“无须不成相”。何况人们一直以“须眉”来代指男子。胡须长得好看，如关公被称为“美髯公”。胡须是男子彰显个性、表现风度、张扬自我的方式之一。

话“礼”话外

某外贸公司经理平时很爱干净，做事雷厉风行，自己的胡子也总是刮得很得体。可出差时，这位经理迷上了艺术，对艺术家的形象很痴迷。于是，自己也学着大艺术家的样子，蓄起了长胡须。出差三个月，回到公司，下属们一时没认出这个“大胡子”，私下都议论纷纷。很多人都觉得他太做作，装文艺。有和他关系不好的甚至向上级打了小报告，认为他不注意个人形象，对公司形象也有损害。

有“礼”有面

现如今很多男士都留起了胡须，不仅显示了自己对时尚和潮流的追求，也流露出男子汉气概，增添了男性魅力。然而蓄须也是一门学问，不是所有人都适合留胡须，而且应注意如何得当地选择胡须样式。蓄须不当，不但会让你原有的形象魅力大打折扣，甚至会让人觉得你不懂修饰，不修边幅。胡须的样式，经常会让人联想起蓄须者的生活和职业。白领一般都留简单的短胡须，或干脆不留；体力劳动者，胡须一般较浓；而很多艺术家们更是对“大胡子”感兴趣。有些男士不根据自己的脸型，不顾及自己的职业就随意蓄须，只能适得其反。

男性蓄须要想恰当美观，应该注意以下方面。

（1）从形象上看，人中较短的人，不宜留上唇胡。嘴小的人上唇胡应留略宽一些。上额窄下颌宽的人，可以留一点络腮胡。下巴尖的人不要留山羊胡，也不适宜只留太宽的上唇胡。

（2）从职业上看，商务来往较多的人，最好不要蓄须。自由职业者和艺术职业者则随意一些。

男性夏天不可在公共场所赤膊

夏天一到，温度升高，很多男性习惯打起赤膊。有些人是想借机展现一下自己的身材，有些则纯粹是为了纳凉。然而不管是出自何种原因，公众场所赤膊，都只会给自己带来负面影响。

话“礼”话外

阿峰平时性格开朗，很受周围同事的欢迎。而阿峰很怕热，最害怕的就是夏天。一次，公司停电，整个公司闷热难耐。员工纷纷跑到不远处的喷水池乘凉。一到水池旁，浑身是汗的阿峰就脱下了T恤，光着上身纳凉。这一脱，周围的女同事唰的一下全跑开了。回到公司后，女同事们很少再跟阿峰说话了，觉得阿峰太不自重了。

有“礼”有面

每个人都希望得到他人的尊重。赤膊在男性看来是可接受的事情，对于女性来说，却认为是不雅观的举止。尤其是在公共场所，在大家共同所有的空间内赤膊，表明你完全忽视了周围的他人，只为图自己一时之快，是非常自私的表现。而且，公众场合赤膊也是不自重的表现。夏天虽热，但遇热则脱，别人就会觉得你的承受能力和忍耐能力差，且不注意自己的形象和隐私。穿衣是人类文明的表现之一，而赤裸着上身不正是不文明的行为吗？

为了保持自己良好形象，男性夏天需要谨记以下两点。

（1）要随时注意自己形象，不能只为自己着想，不顾他人感受，尤其是周围有女性、儿童在时，更要有所拘束、收敛。

（2）不要不分场合随意脱换衣服，更不可在公共场所打赤膊。可以选择透气性好的白色衣服，适当用一些防晒保湿等化妆品，多洗澡。

站要有站相，坐要有坐相

俗话说“站有站相”，就是形容一个人的站姿是否挺拔，细化说，就是一个男人站姿要“阳刚”。站姿是一个人全部仪态的根本之点，如果站姿不够优雅，那么他的其他姿态也称不上得体。

话“礼”话外

营销人员小韩上门到李先生家里介绍产品，并成功地说服了李先生。但是，当谈到具体的送货事宜时，小韩却没注意自己的姿态，歪歪斜斜地站在那里，一只脚不停地点地，好像在打拍子一样。

李先生觉得小韩在表示不耐烦和催促，于是就用“下次再说吧”这句话把小韩打发走了，最终订单没谈成。小韩因为不雅的站姿导致交易失败。

有“礼”有面

从这个例子可以看出，站姿对销售工作而言是非常重要的，它直接影响顾客对销售人员的看法，进而影响销售目标的达成。那么，男人应该怎样站立才是符合礼仪的呢?

1. 男士站姿的基本要求

男士的站姿总体要求做到刚劲挺拔、气宇轩昂，彰显男子的阳刚之美。需要注意的是，在不同的场合，男士站姿的要求有所不同，大家要有所区分。

2. 正式场合站姿

在正式的场合男士的站姿要给人以威武、庄重的感觉，要从内在升华一种自信、稳重的心境。这样不管在商务活动或者政务活动中，都会让人有种可信赖感。

头部：端正，双眼平视前方，嘴角微闭，下颌微收，面容平和自然。

躯干部：肩部下沉，挺胸、收腹，腰部挺立，使内在有股上升之气，这种姿势可使我们的自信感倍增。

双手：自然垂直于身体两侧，虎口朝前，五指自然微握，中指贴于裤缝。或者两手交叉，右手叠放于左手之上，放于小腹部。

两脚：双腿直立，膝盖并严或略微分开，两脚尖分开约 60° ，脚跟相靠。

3. 非正式的场合

非正式的场合与正式场合相比随意性较强，比如遇到朋友、参加同学聚会，就可以随意一些，可以进行一些身体接触，像拍拍老朋友的肩膀，双手随意地做些小动作，这样不但能够增加彼此的感情，而且可以促进朋友之间更好的交流，不显生硬。在正式的场合庄重，在非正式场合活泼、潇洒，这样才能充分地显现一个成熟男士的魅力，但是仍要注意挺胸抬头、收腹这些基本的动作，保持身体的立直。

4. 服务业站姿

在一些服务业，要求男士的站姿要显现出温和的气质，给人以亲切的感觉，例如安保、领班等，这时男士的站姿与手位略有不同。

在保持基本的抬头、挺胸、收腹、平视的站立姿势时，两脚平行或分开，略于肩宽，双手在身后交叉，右手搭于左手之上，贴在腰部。

小测一下

从你的服饰风格看出你的个性

从衣服可以看出你的信心值，又到了该换季的时候了，该把衣橱整理一下了，在整理了半天后，你发现你衣橱中，样式最多的衣服是哪一种？

A. 单色款式简单的服饰

B. 宽大的衬衫或 T 恤

C. 颜色鲜艳或是样式夸张华丽的服饰

D. 最新流行服饰

心理透析：

选 A：你是一个有自信的人，虽然你不是做到态度上的咄咄逼人，可是只要你坚持一个想法，无论别人如何去唆使、蛊惑你，你都不为所动，不过这不代表你是刚愎自用的，相反的，你很喜欢听到别人对你的建言，是一个很不错的人！

选 B：表面上看起来，你好像是一个很好说话的人，其实你是最固执的人。一旦发起牛脾气来，任谁也拗不过你，因为在你的内心是封闭和害羞的，冷漠就是你用来掩饰害怕和人群接触的自然反应。

选 C：虽然看来你好像有旺盛的表现欲望，可事实却不然，这样的包装，只是你用来掩饰内心不安的武器，其实你是有点神经质的人，一点事就可能有过度的反应出现，所以在外表上，你必须装得毫不在乎，这样才能让你有安全感！

选 D：你是那种外表自信，可是内在很心虚的人，要多做点人际功课了。

第 8 章

大“雅”君子：二十几岁男人必懂的修养礼仪

男人到了二十几岁后，就要开始学着用心去经营自己了，它体现在自己的思想与涵养上。一个有风度的男人就像一片大海，不拒点滴，又包容江河。有风度使男人得到更多的青睐，不争眼前才能够放眼世界，给予别人才能够受益无穷。

谦恭礼让尽显男人“君子风度”

良好的修养就是一笔财富。有修养的男人可以开启任何一扇大门，即使他身无分文，也会得到人们的青睐。一个得体的举止、谦恭的态度就能诠释男人的魅力，他在人生道路上也定然能畅通无阻的。

话“礼”话外

说到这里，不仅想起一个故事，有位男士非常向往绅士风度，于是他来到一座绅士会所，希望能够有所收益。

刚刚进门，一位女侍应生由于走得急，不小心将托盘中的酒洒到了他的礼服上。这位男士眼见自己新做的礼服被弄脏，不禁怒由心生，破口大骂：“浑蛋！你走路没长眼睛啊！竟然弄脏了我的礼服！真倒霉！”

尽管女侍应生一再道歉，但该男士依旧不依不饶，骂个不停，弄得那女孩子眼泪直在眼眶中打转。这时，会所的女主管走了过来，说道：“先生，真对不起，她是刚来的，不懂规矩，我代她给您道歉。”

“道歉？！道歉就能让我的礼服变干净吗？它可足足花了我半个月的工资！”说着，该男士又骂了起来。

片刻之后，女主管问道：“先生，请问您来这里是做什么的呢？”

“我是来学绅士风度的，谁知道遇上这么个不长眼睛的，真倒霉！”

“那么，我来教您吧。”女主管说着，走到一位正在谈话的男士身边，故意将酒洒在了对方的礼服上。

“哦，先生对不起，我不是有意的。”

对方连忙起身，对女主管施了一礼，关心地问道：“我没有吓到您吧？”

女主管转向骂人的男士：“你看，这就是绅士风度！”

那位男士满脸羞红，逃出了会所。

当别人无意冒犯你时，你是会“得理不饶人”，还是会一笑了之？此时此刻，请一定要慎重选择哦！因为这足以体现你作为一个男人的风度。

诚然，装扮得漂亮的确是一件好事，会引来大家的交口称赞。但这种外在美毕竟是比较低层次的美，不应该妨碍我们去追求真正生活中更高层次的美。一些男士错误地将所有精力、时间以及收入都放在衣着上，却大大忽略了内心的修炼，忽略了他人对我们的要求和期望，这种关心外在胜

于关心内在的行为是很不可取的。

有“礼”有面

要知道，良好的举止足以弥补一切自然的缺陷。通常，一个男人最吸引人们的，不是容貌的魅力，而是举止的优雅。古希腊人认为美貌是上帝的特殊恩宠，但同时，如果一个具有美貌的人没有同样美丽的内在品质，就不值得我们欣赏了。在古希腊人的心目中，外在的美貌其实是某种内在的美好气质的反映，这些气质包括快乐、和善、自足、宽厚和友爱等。政治家米拉波是一个有名的丑男，据说他长相难看，但却没有人不被他的风度所折服。

性格的美就如艺术的美，在于它的少有棱角，线条始终保持连续、柔和的弧形。有很多人的心灵之所以不能更上一层，向世人展示更优美的品质，正是由于个性中存在的棱角太多。无论有什么样出色的品质，一旦表现出粗暴、唐突、不合时宜，其价值也就自然而然地受损。而事实上，只要我们多加注意自身的言行举止即可。

亚里士多德曾描述过一个真正具有教养的绅士应该是什么样的：“无论身处顺境、逆境，一个宽宏大量的人都会追求行事适度。他不期望人们的欢呼喝彩，也不让别人对他嘲弄贬低。成功的时候不会得意忘形，遭受了失败也不愁眉苦脸。他不会去做无谓的冒险，不会随随便便谈论自己或者别人；他不在意别人的诽谤，也不会对人委曲求全。”

真正有教养的男人就应当表里如一。宝石上光之后尽管更亮，但首先必须先是颗宝石。而一个真正懂得做人的智者是举止温文尔雅、谦逊知礼、不会轻易动怒、更不会主动挑衅的人。他从不恶意猜测别人，更不用说自己会去做罪恶的事了。他努力克制欲望，提高自身品位，出言谨慎，尊重他人。他可能会失去一切，但绝不会失掉勇气、乐观、希望、德行和自尊。这样，即使他没有了一切，仍然是一个富有的人。

二十几岁男人越随和，越有品位

男人，每天都在想着如何才能向更高的成功迈进，如何才能在人前显示出自己作为一个成熟男人的独特气质。纵览成功人士，尽管他们几经风雨，却总是能带给别人阳光般的笑容。尽管他们家财万贯，却时刻保持着质朴而平易近人的风度。其实，随和对人很重要，如果你希望自己能带给人一种从容而内敛的感觉，就让自己随和起来吧！不但会给你挣得面子，还会给你带来不错的人缘。

话“礼”话外

一家公司的总经理为了整治公司员工爱迟到的现象，召集全体员工开会，宣布从明天开始，谁都不能迟到，迟到要严惩，自己带头。到了第二天，总经理却睡过头了，他急匆匆地穿上衣服，洗漱了一下，开着车奔向公司。他十分的懊恼，路上连闯了两次红灯，驾照被扣，他疲惫地回到了自己的办公室。正好，采购经理来了，他问：“昨天预计的那批货物已经订购了吗？”采购经理说：“昨天太晚了还没来得及，马上就订购。”总经理狠拍了一下桌子，严厉地训斥了采购经理。采购经理满肚子的火回到办公室。一会儿，秘书来到采购经理的办公室，他问秘书昨天交代的那份文件好了没，秘书说：“还没有，您稍等，马上就去。”采购经理似乎找到了发泄的借口，严厉地批评了秘书。秘书心里不快地回到家，发现儿子正在看动画片，于是打骂孩子为什么不学习。孩子哭着回自己的房间，发现猫正窝在他的床上呼呼大睡，他一把拽过猫狠狠地扔到了地上。

上述案例中总经理不好的情绪引起了周围人一系列的不良反应，这就是“情绪感染”。一个人不良的情绪，会引发下一个人的不良情绪，像连锁反应一样，最后连累无辜的人。我们应该经常会碰到这样的事。在公司被领导训斥了，回到家对其他无辜的人乱发脾气。在家遇到不顺心的事，又把这种不良情绪带到公司，造成不良的后果。

有“礼”有面

有人说，随和就是顺从众议，不固执己见；有人说，随和就是不斤斤计较，为人和蔼；还有人说，随和其实就是傻，就是老好人，就是没有原则。这让我们的内心有些迷茫，究竟随和给我们带来的是晦气，还是福气呢？纵观一些有影响、有地位的公众人物，他们都有一个共同的特点：心态随和、平易近人。而与此相对照，非常有趣的是，有时候越是地位卑微的人越是容易发怒暴躁，他们动辄就因一些鸡毛蒜皮的事儿大发雷霆。由此看来，为人随和对一个男人来说真的很重要，它代表着一种成熟，代表着一种从容，也代表着一种品位。

男人到了一定岁数，想必已经在事业上小有成就，在社会上也有了一些磨砺，不管是在阅历上还是思想上都得到了很大的提高。这时候他们对自己有了更高的要求，那就是真真正正地迈入成功人士的行列，尽管信用卡里的存款有限，尽管自己的房屋贷款还没有还完，但这丝毫不会影响到他们做一个有品位的男人的追求。有句话是这样说的：“因为懂得，所以释然。”那些成功者之所以能够如此随和自然，如此镇定从容，与他们经历的风雨是分不开的。他们的脸上刻着荣耀，也刻着往昔的艰难。尽管这一切的一切都已经成为过去，但却在他们的心中打上了烙印。让他们看透了人生的真谛，也从此真心地看待每一个人。

二十几岁男人懂得以“诚”打天下

古人云：“诚者，天之道也，阴阳有实之谓实。”“信”即信用，孔子也曾说过：“自古皆有死，民无信不立。”可见诚信是一个人的立身之本，也是维系人际交往的重要德行。“人无信不立。”人如果没有信用，是立不起门户的，很难立于人世间。失信不仅有损友谊，也会破坏生意上的关系。一个在商业上没有信誉的人，是没有人愿意与他打交道的。诚信被看作交往的基础，做人的根本。

话“礼”话外

卓恕，字公行，三国吴上虞人。他为人笃实讲信义，答应办的事就立即去办；他与人约会，纵然遇到暴风疾雨、雷电冰雪，也都没有不如期到达的。

有一次，卓公行从建业回会稽（今浙江绍兴）探家，去向太傅诸葛恪告辞，诸葛恪问道：“你什么时候返回呢？”卓公行回答说：“某日当再来亲自拜见。”

到了那天，诸葛恪做东宴请一些宾客，不停地饮酒品菜，以便等候卓公行。当时，赴宴的宾客都以为，从会稽到建业相去千余里，路途之上又很难说不会遇到风波之险，怎么一定能如期到达呢？

不管众宾客怎么说，诸葛恪坚持要等卓公行，因为他了解卓公行，知道他是一个诚信君子，他说今天到就一定会到。不一会儿，卓公行果然到了。所有的人都很惊诧。

诚实守信，践诺履约，言必信，行必果，是中国社会的传统美德。做不到就不要随便说，说出口的话就一定要做到。我们都应该做一个像卓公行那样的笃实守信之人。

有“礼”有面

俗话说“得道多助，失道寡助”。凡是能够做到诚实守信的人一般都能获得大家的尊重和友谊。反过来说，如果总是想贪小便宜，失信于人，必然会给自己带来麻烦，严重的话还会毁掉自己的名声。然而名声却远远比物质重要。因此，如果你失信于朋友，必然如同丢西瓜捡芝麻。

诚信是人际交往的根本。一个人的能力无论有多强，多全面，他也不能离群而居，也要依托于各种社会关系，也要进入各种人的关系。在社会交往中，只有诚信，才能与他人建立良好的交换关系，才能获得社会关系为人们带来的种种便利和好处。

诚信是一种高尚的品德。拥有这种品德的人一般都能努力拼搏，懂得为自己的发展积累各种有益的东西。而这里面不仅包括知识、能力、人脉，也包括品德等。而诚信是必不可少的。

讲诚信的人能给人一种心理上的安全感，从而使得对方更加相信自己，交往起来也就更加顺利，所以我们要做一个讲诚信的人。

责任感，最受人关注的二十几岁男性魅力

责任感是一种习惯行为，是衡量一个人成熟与否的重要标准；责任感是一种很重要的品质，是做一个优秀的人所必需的；责任感是健全人格的基础，是能力的催化剂；责任感是一个人安身立命的基础，当他具有了某

些能力时，就要对相应的事情负责。一个充满责任感、勇于承担责任的男人，会因为这份承担让生命更有分量，让礼仪的光环更加闪亮。

话“礼”话外

刘延是一家大公司的主管。一天午餐时间，公司的一位董事走进来，想找一些文件。尽管这并不是刘延分内的工作，但是他依然说：“我对这些文件并不了解，不过我会尽快帮您找到它们，然后把文件放在您的办公室里。”结果，刘延牺牲了午饭时间才找到那份文件，这位董事为此很感谢他。

两个月后，公司有一个高一些的职位空缺。在公司的管理会议上，总裁征求这位董事的意见，这时，董事推荐了勇于负责的刘延。

工作总会对每个真心付出的人给予合理的回报，荣誉也好，财富也罢，条件就是你要先是一个敢于担责的人。一个人具备了敢于担责的精神之后，就会产生改变一切的力量。领导者要有敢于担责的勇气，对自己的行为负责。

有“礼”有面

对一个男人来说，失败并不可怕，可怕的是没有责任心，遇到困难时竞相推诿。在一个团队中，如果成员都能从大局出发、主动承担责任，就会为领导者创造更多的主动和更大的回旋余地，为解决问题提供更多的机会，进而扭转局面。反之，如果领导班子内部互相拆台，把责任一股脑儿地推到主要的领导头上，这就会挫伤他的威信，也会降低他干工作的信心和决心，结果对所有的人都不利。当大家共同面对失败时，最忌讳的就是有人说：“我当时就觉得这事儿肯定要糟。”这样会降低大家对你的友好和信任，因为你不是一个负责任的人。只有认清自己的责任时，才能知道该如何承担自己的责任，正所谓“责任明确，利益直接”。也只有认清自己的责任时，才能知道自己究竟能不能承担责任。因为，并不是所有的责任自已都能承担，也不会有那么多的责任要你来承担，生活只是把你能够承担的那一部分给你而已。

因为责任，你将更加成熟。那些愿意承担责任的男人，会给渴望获得成功的人带来莫大的助益，他们会给你提供各种帮助，而其中的价值，必定远超过那些容易满足者所提供的帮助。

二十几岁的男人要懂得吃亏

“吃亏是福”是古训中的重要一条，中国人历来讲究谦虚忍让，倡导和谐，所以“吃亏”常常成了人与人之间能很好相处的筹码。可是，有些人的功利心非常强，他们抱着“只有不吃亏，才能少失去”的想法，趋利避祸，更不用说主动吃亏，拒绝本该得到的属于自己的一份了。

殊不知，只有吃得起亏的人，才能容得下人，而只有容得下人，才能在做任何事情的时候得到他人的帮助。

话“礼”话外

战国时期就有著名的“负荆请罪”的故事，赵国的廉颇和蔺相如是当朝的文武重臣，可武将廉颇不服文将蔺相如位高于自己，所以扬言要羞辱蔺相如。即使如此，蔺相如也从来没有因为廉颇的毁谤而伺机报复，而是默默地吃亏，别人为他不值，可他依然不在乎。这种“牺牲小我，成就大我”的精神最终感动了廉颇，对蔺相如心服口服的他，亲自登门，脱去上衣，露出上身，背着荆条，希望得到蔺相如的谅解。最终，两人成为生死之交，帮助赵国走向鼎盛。

试想，蔺相如若与廉颇一样，不愿意吃一点亏，遭受一点不满就一定要争强夺胜，直至将自己失去的都夺回来为止，那么，蔺相如就会和廉颇两人钩心斗角，两败俱伤。赵国会失去两名栋梁，而他们彼此会失去一生中最难得的友谊。

有“礼”有面

会“吃亏”的人是看到长远的利益和全局的发展，所以舍小利最后成为赢家；不会“吃亏”的人只会盲目退让，事事懦弱，为蝇头小利丧失发展的机遇。

首先，我们“吃亏”一定要“吃”在关键时期。这就需要人有卓越的眼光和从全局着手的运局态势，能够时刻弄清楚身边人的所得所需，能够分析准确得出在吃亏以后的所失所得。而后，再用敢于吃亏的气量，把亏吃得淋漓尽致。

其次，万一吃错了亏，就要摆正心态将其吸收。也就是从中吸取教训，深刻总结出误食的原因，保证自己下次再也不吃同样“为祸非福”的亏。

最后，就需要我们平时能多效仿那些吃亏吃得正恰当的人，学习他们在物质上的宽宏大度，而不是锱铢必较，学习他们尊重别人，而不是傲视万物。

如此，才能真正懂得吃亏，享受吃亏，在吃亏中找到幸福。

放宽你的度量，不做二十几岁小男人

做到豁达、宽容，其实并不难，无非是遇事多往开处想，不去计较些许无谓小事。豁达者心胸开阔，善以待人，少有烦恼，因此备受人们推崇。二十几岁的男人一定要有豁达的心态。

话“礼”话外

某公司一部门经理职务空缺，公司从内部提拔，好多人都在竞争这个职位，其中以郭瑞和赵毅最有实力。虽然郭瑞更有能力，但由于赵毅和老板是亲戚，最终，赵毅出任了这个职位。大家都为郭瑞抱不平，但郭瑞说赵毅能力不弱，确实能够担当这一职位，而且还带头向赵毅表示祝贺。郭瑞的这种大度，让赵毅很是意外和感动。在这一年的绩效考核中，郭瑞是部门中成绩最高的，并因此获得了出国培训的机会。

郭瑞的能力高出赵毅，如果他与赵毅争夺经理职位，那么也就不会获得后来出国培训的机会。气量带给你的不仅是和谐的人际关系，更有获取更大成功的机遇。

有“礼”有面

生活中，我们会遇到形形色色的人，有人待人宽厚、仁慈，有人小肚鸡肠、自私、卑鄙，但不论与谁交往，我们都不可能要求对方事事让我们满意。在人际交往中，气量显得尤为重要。

气量小的人，往往不能容忍别人比自己优秀，也容忍不了和自己存在分歧的人，时间长了，交往的圈子就非常狭小，自己就变得越来越孤立。在人际交往中要以宽广的胸怀去接受分歧，用气量包容误会。只有气量大，才能提升人生境界，在你有困难的时候才会得到更多帮助。

气量和容人，犹如器之容水。器量大则容水多，器量小则容水少，器漏则上注而下逝，无器者则有水而不容；气量大的人，容人之量也大，能和各种不同性格、不同脾气的人融洽相处，能兼容并包，听得进批评自己的话，也能忍辱负重，受得住误会和委屈。

小测一下

测测你的愤怒程度

如果以下的某一项叙述与你的状况明显相符，得3分；如果稍微相符，得2分；如果都不相符，那就得1分。最后统计出你的得分。

序号		相符程度		
1	我觉得我的愤怒太过度	相符（3分）	稍微相符（2分）	不相符（1分）
2	我的愤怒曾使我陷入困境			
3	我的家人和朋友都告诉我，我太容易生气了			
4	我让我的愤怒持续很长一段时间			
5	我很容易受挫			
6	一些细琐恼人的事就会让我情绪失控			
7	我讨厌等待			
8	当车辆行进不通畅或者排队队伍移动缓慢时，我会很生气			

9	他人的无能和愚蠢常使我生气			
10	我会很恶劣地批评和反对			
11	受到不公平和无礼的对待让我很生气			
12	在争论中，我通常是那个最生气的人			

心理透析：

0～18分：你没有愤怒这方面的困扰。19～30分：愤怒影响你生活的程度达到中等。31～36分：你必须着手减低你的愤怒程度。其实愤怒并非超乎我们的掌控，即便有时候你已经觉得自己快控制不住了，它仍然可以被你掌控。

第9章

以“礼”服人：二十几岁男人必懂的言谈礼仪

男人应该谈吐不凡，因为这是一个男人综合素质的反映。谈吐显露着男人的秉性、德行，体现的是男人的内涵、知识、能力和水平。有品位的男人睿智干练，他们知道什么样的话别人爱听，什么样的话绝对不能说，是故，你不可能见到他们口无遮拦、颠三倒四、东拉西扯地乱说话。

用礼貌的话语提升自己的男性魅力

在处世交际的过程中，彬彬有礼、无懈可击的言行所体现出的正是绅士般的风度和品位，这样的人走到哪里都会受到大家的尊重。

和别人打交道时，有品位的礼貌用语可使对方感到亲切，交往便有了基础。没礼貌、讲话不得体，往往会引起对方的不快甚至愠怒，使双方陷入尴尬的境地，致使交往梗阻甚至中断。

话“礼”话外

宋璟是唐朝武则天时期的著名大臣，以刚正不阿著称。有一天，一个人转交给宋璟一篇文章，并对他说：“写文章的人很有才学。”宋璟是一个爱才之人，马上就读起这篇文章来，开始时他一边读一边赞叹：“不错，真是不错！应该重用。”可是读着读着，宋璟的眉头皱了起来，原来这个人为巴结宋璟，在文章中对他大加吹捧，这让宋璟很生气。后来，宋璟对送文章的人说：“这个人的文章不错，但品行不端，想靠巴结来升官，重用他对国家没有好处的。”因此就没有推荐这个人做官。

有“礼”有面

言谈的过程就是双方通过语言来交流思想的过程，语言运用可以体现出言谈者的思维水平、认知程度、知识底蕴及个人修养。无论是人与人之间的相互了解，还是客户关系的建立，都必须借助于语言沟通。言谈礼仪主要包括以下几个方面。

1. 言谈要文明、准确

言谈要文明，就是讲究语言文明，即言谈要体现出自身良好的个人修养、和蔼的态度，让对方解除戒备心理，产生愿意接近的愿望。

涉外人员在言谈交际的过程中，要使用文雅的词语，不讲脏话、粗话、怪话或气话。用词要准确、恰当，内容简洁明了，避免语义含混不清，否则会影响工作效率。

2. 选好话题

在言谈交际过程中要有共同的话题，即交谈过程中涉及的中心内容。它决定着谈话的方向。通常情况下，每次交谈的话题或多或少，数目不定，但主要原则是宜少不宜多。如果话题过多，会让对方感到无所适从。在涉外交往中，话题通常只有一个，并且要事先确定好，由双方共同商定。

在选择话题时，必须明确哪些是可以选择的话题，哪些是不应提出的话题。初次见面时，可以考虑选择下列话题。

有品位的话题：涉及文学、艺术、历史或者其他专业方向的知识内容，能体现双方的知识层次和教养。这些内容适用于讲究品位的正式谈话，但要选择双方共同感兴趣的话题。

轻松愉快的话题：轻松愉快的话题是让人觉得身心放松、易于应付、易于参与、可以任意发挥的话题。例如，近期流行的电视剧、电影、体育比赛、音乐歌曲，或休闲娱乐、旅游观光、烹饪小吃、流行时装、天气状况及社会新闻等，都是大家喜闻乐见的话题，在一般的场合中这类话题都适用。

对方擅长的话题：在交际中找到对方擅长的话题，让对方谈得开心，引起对方共鸣。但自己也应对该话题有所了解。

3. 注意禁忌

无论在日常生活中还是在涉外交往中，有些话题是非常忌讳、不能提及的。否则，轻则礼失于人，重则产生纠纷。这些话题主要包括以下几个。

（1）个人隐私，即纯属于个人、与他人没有任何关系、不希望他人知晓的事情。尊重对方隐私就等同于尊重对方，在交谈过程中，总是谈对方的个人隐私，是很让人反感的行为。

（2）让对方尴尬的话题，即在交际过程中有意难为对方、取笑对方的话题。在涉外交往中这是最失礼的一种行为，不利于建立良好的人际关系。

（3）非议他人的话题，即在私人谈话过程中，指责、非议或批评第三方的话题，这是一种不礼貌、不光彩的行为。

（4）令人反感的话题，即涉及让对方不愉快或伤心的话题。例如，对方伤心的往事、对方的缺陷以及让人讨厌、反感、厌恶的事。

不散播是非，做人见人爱的“暖男”

“流言蜚语”绝对是一个令人厌恶、令人惧怕的词语，字面解释如下：流言，即没有依据的言语；蜚语义同于流言，更带有诽谤性、针砭性。那么，既然毫无依据可言，为何却偏偏有人对此津津乐道呢？从心理学的角度上说，一方面是因为多数人都具有窥私欲，他们喜欢探听别人的隐私，尤其是带有负面性质的隐私；另一方面，爆料别人的“卑劣”，可以凸显自己在某一方面的“高尚”，这是典型的虚荣心在作祟。当然，这其中更不乏居心叵测之人。

“流言”的帮凶有两种人。一是“制造流言者”，这类人内心阴晦、失衡，明明自己能力有限、不学无术，却又嫉妒别人的成就，于是挖空心思诋毁别人，以求心理上的满足。二是“散布流言者”，这种人相对前者略隐晦一些，称得上是“隐形杀手”。他们最喜欢做的事情，就是将听来的“流言”添油加醋，再四处宣传。即便原本不存在的事情，经他们的嘴巴一说，也就变成了事实。所过之处，可谓一片狼藉。

话“礼”话外

一个男子在背后说邻居的闲言碎语，几天内，村中所有人都知道了此事，当事人为此大受伤害。后来，这个男子发现事实完全不是这样，他非常难过，就去聪明的智叟那里请教如何弥补。

“去集市吧。”智叟说，“买一只鸡，把它杀掉。然后在回家的路上，拔下它的羽毛，一片片地沿路扔掉。”这位男子尽管感到很奇怪，但还是依言而行。

第二天，智叟说：“现在，你去把昨天扔掉的那些羽毛全部收集起来，把它们交给我。”男子依言回到那条路上，但大风已然将羽毛吹飞，他苦苦寻找了几个小时，最后攥着3根羽毛回到智叟那里。

“你明白了吧。”智叟说，“扔掉它们是件很容易的事，但不可能把它们全部找回来。流言蜚语就像这羽毛一样，散布出去并不费力，可是一旦你做了这种事，就永远也无法彻底弥补。”

有“礼”有面

无论是流言的制造者还是散布者，都不会有什么好的结局。在别人背后飞短流长，必然会得罪当事人，久而久之，你也就成了“万人嫌”。同事、朋友会因害怕成为你的议论对象而敬而远之，上司更会因此将你打入“冷宫”，你的人生、事业又谈何取得突破性的进展呢？

所谓“隔墙有耳”“好话不出门，坏话传千里”，有品位的男人绝不会将“流言”当作茶余饭后的笑料，更不会当众去说别人的坏话。当有人对他们道及第三者坏话时，无论他们是否明白个中原因，都会做到“入耳封存”，这才是智者所为。

有一句话叫作：“谁人背后无人说，谁人背后不说人。”这话说得虽然有点绝对，却也揭示了一个事实，即大多数人或多或少都在背后说过别人。不过有一点，经常在背后说别人坏话的人，肯定不会受到欢迎。因为但凡有点头脑的人，都会自然而然地联想到："这次你在我面前说别人的坏话，下次你就有可能在别人面前说我的坏话。"这样一来，说人坏话者在别人心目中的印象又能好到哪去呢？

柔里带刚，二十几岁男人也有柔情

在人际交往中，"示弱"是极高的智慧。所谓枪打出头鸟，锋芒毕露必然招来他人的不悦。要与人和谐相处，讨人喜欢，必须学会示弱。对于人类来说，面对压力不低头的是有个性的人，而适当地选择示弱、认输、放弃的人则是聪明的人。

话"礼"话外

美国第九任总统威廉·亨利·哈里逊原出生在一个小镇上，他小时候是个文静怕羞的孩子，人们常喜欢捉弄他。他们经常把一枚5分硬币和一枚1角的硬币扔在他的面前，让他任意捡一个，威廉总是捡那个5分的，于是大家都嘲笑他。有一天一位好心人问他："难道你不知道1角比5分钱值钱吗？"

"当然知道，"威廉慢条斯理地说，"不过，如果我捡了那个1角的，恐怕他们就再没有兴趣扔钱给我了。"

有"礼"有面

美国心理学家做过这样的调查，一名彪形大汉在拥堵的马路上横穿而过，愿意给他让路的车辆不到50%，而一个老弱病残人士过马路，大家争着相让，同时大家都觉得自己做了一件好事。

生活中向人示弱，可以小忍而不乱大谋；工作中向人示弱，可以收敛棱角并蓄势待发。强者示弱，可以展示你的博大胸襟；弱者示弱，可以积累时间渐渐变得强大。不过，说示弱的话，是有技巧的，你不妨试试下面的方法。

1. 把不幸形象化、具体化

把不幸形象化、具体化是指避免直接、抽象地陈述不幸者所承受的痛苦，而将这些痛苦形象化，使之成为人们可感可触的东西。因为抽象的表述再翔实也无法充分调动人们复杂丰富的感受，只有当这些不幸和痛苦凸显化、立体化，成为可感可触的东西时，人们才会产生联想，才会有真切的体验，内心的同情与感动才会被激发出来。

2. 向对手示弱，是一种策略

示弱只为迷惑对手，使其麻痹，然后选择时机出奇制胜。在上级或长辈面前示弱，是一种生存本领。初入社会的年轻人多不懂此理，一开始便以恃才傲物的姿态面对生活，阻断了别人向自己传授经验的机会，给自己以后的发展留下了隐患。

当然，示弱并非奴颜婢膝地献媚，这样做只会自取其辱。恰当地示弱，是为了避其锋芒，养精蓄锐，蓄势待发。这与“韬光养晦”的道理是一致的。表现得强势，必然会让人产生距离感，给人不好相处的印象。要与人拉近距离，搞好关系，就要收起棱角，学会示弱。向人示威，人人都会；向人示弱却并非人人能做到，因为示弱既需要勇气，也是一种智慧。

人心都是肉长的，在攀谈之中添加些眼泪，可以有效地软化对方。“泪眼战术”是“示弱”的一种表现形式，它不仅是女人的专利，纵观历史，男人们也善用此道。

二十几岁男人要学会正话反说，入情入理不起冲突

正话反说是一种幽默的说服方法，是造成含蓄和耐人寻味的幽默意境的重要语言手段之一，只要我们稍加运用，就能创造出让人回味无穷的反语效果。

话“礼”话外

西汉时期，萧何用计杀死韩信后，又把韩信的谋士蒯通抓了起来。萧何想把蒯通下到油锅里炸死，并让他当众供出自己与韩信谋反的“罪状”。

蒯通自知难逃死罪，于是就没说韩信和自己无罪，而是正话反说，历数韩信十大“罪状”。其实，他说的是韩信的十大功劳，群臣听后都为之感动。

接着，他又故意说韩信有“三愚”：“韩信当年收燕赵，破三齐，有精兵40万，恁时不反，如今乃反，是一愚也；汉王驾出成皋，韩信在修武，统大将200余员、雄兵80万，恁时不反，如今乃反，是二愚也；韩信九里山前大会战，兵权百万，皆归掌握，恁时不反，如今乃反，是三愚也。韩信身负‘十罪’，又有此‘三愚’，岂不自取其祸。”

蒯通故意正话反说，历数韩信“十罪三愚”，实则反证韩信一直都忠心效命于汉王，从来不曾谋反。既然韩信无罪，从未谋反，蒯通又怎会与韩信勾结，当然也就没有谋反了。这种正话反说比正面喊冤的效果要好得多，最终赢得了群臣的同情，萧何也无法下手，不得不命人把他释放了。

有“礼”有面

正话反说就是指反语。反语的作用是产生讽刺性，有时比正说更有说服力量。有些话绝对不允许你说出来，为了避免尴尬，不妨从其反面说起。

（1）运用反语可以揭露、批判、讽刺和嘲弄消极方面，增加语言的战斗力。如：至于男盗和女娼，那是非但无害，反而有益：男盗——可以多刮几层地皮，女娼——可以多弄几个“裙带官儿”的位置。其中的“无害”“有益”都是反语，相当于“有害”“无益”，借反语揭露了“男盗”的本质是“可以多刮几层地皮”，欺压老百姓；也揭露了“女娼”的本质是“可以多弄几个‘裙带官儿’的位置”。“裙带官儿”是指一切因女人关系而获得官职的人。“无害”“有益”在文中的使用具有极大的讽刺性。

（2）运用反语可以鲜明地表示说话人的态度和立场。

（3）运用反语可以使语言有变化，不死板，生动有趣，增强说话或文章的幽默风趣感。

如：我们5月以后的生活费简直毫无着落了。啊，幸亏上天开眼，天气渐渐和暖了起来，冬服完全没用处，被条也可以减省了，我们便逐渐把它们交给一家当铺，替我们保管。让当铺替我们“保管”，“保管”的意思有所转移，是反语“典押”的意思。作者不用“典押”而用“保管”，增强了幽默感，使语言富有变化，显得生动有趣。

（4）运用反语可以表现特殊情况下的特殊斗争，使憋在心里面、想说的话说出来，有时还可取得意想不到的效果。

替人打圆场，适时给人供“台阶”

当别人处于尴尬境况时，如果你能出来贴金补粉，大度地帮他一把，便会让当事人感激不尽，日后有机会定当回报这份“人情”。

话“礼”话外

某公司要与一外商洽谈一笔业务。会议的时间到了，外商的谈判代表和他的女秘书一起走进会议室，某公司总经理带着相关人员早已在此等候了。

当双方握手的时候，某公司总经理看到外商代表的脸颊上有一块不是很明显的脏东西。这时，外商的女秘书也发现了显得非常着急，不停地向外商使眼色，示意他赶快擦掉。可是这个外商对此毫无察觉。

这时，公司的一位下属灵机一动，连忙致歉说：“真对不起，我们把一份资料落在办公室了，现在必须去取一下，请稍候。”话一说完，该公司的谈判人员全都心领神会地退出了谈判室。

当他们再次进入谈判室的时候，外商的脸颊已经很干净了。

谈判正式开始了，顺利得出乎意料。这或许就是那位外商代表出于一种感激之情吧！

在对方不小心犯了错误，或因能力不足而处于尴尬境况时，你如果怀着幸灾乐祸的心理去取笑、嘲弄对方，会招致对方的怨恨。反之，如能大度地帮上一把，替他解除尴尬，就自然会赢得他的感激之情。

有“礼”有面

每个人都有自尊，对于让自己下不来台的人，往往会心里产生强烈的反感，而对于给自己提供“台阶”，帮助自己解围的人，则会产生由衷的感激之情。这就是人们常说的“予人玫瑰，手留余香”。

当我们遇到尴尬而下不来台的时候，心里是多么希望有个人来“打圆场”，以替自己出面解围，给找个台阶下。所以，学会替人打圆场，适时给人提供“台阶”，使其不丢面子，是赢得好人缘的一大高招，同时也是一种美德。它不但会让对方对你产生好感，还能帮你树立良好的社交形象。

因此，在工作与生活中，我们不能持有“事不关己，高高挂起”的思想，也应该向那些机智的人学习，做善于替人救场的“及时雨”，随时准备为他人伸出援手。

学会给对方“留面子”

“树活一层皮，人活一张脸。”人人都是爱“面子”的。在说话中，我们要善于把握机会，抓准时机，学会给对方“留面子”，加深我们在对方心中的印象；同时也让对方对我们产生好感，使沟通顺利进行。

话“礼”话外

小周是一家酒店的前台服务人员。一天晚上，一位客人来到总台，在办理住房手续时向他提出房价7折的要求。但是，按照酒店的规定，只有订房8次以上的常客才能享受7折优惠。听到这一说明，这位客人马上声称自己也曾多次来店消费，于是小周马上在电脑上查找核对，结果没有发现这位客人的名字。他心里很生气，但他又一想，如果将调查结果当众道出，将对方当众戳穿，那么对方会觉得自己十分“没面子”，肯定会恼怒起来，而此时正值总台入住登记高峰期，如果由于他的恼怒、叫喊，引来许多不明事由的好奇目光，肯定会给酒店造成非常恶劣的影响。

于是，他非常机敏地对那位客人说道：“不好意思，先生，我们的电脑刚巧今天出了点问题，无法查到之前的入住记录。请您先到那边的茶座上耐心等待一会儿，我马上去找维修人员。”

客人听后也找不到其他的理由，只好坐到一旁等待。

客人转身离开后，小周立刻将情况汇报给部门经理，不一会儿，经理就朝那位客人走了过去。经理表达了对这位客人的理解，并很友好地暗示对方这个请求是毫无理由的，同时表示将在店规允许的范围内，对这位客人给予适当的照顾和帮助。

每个人都有自尊心，都不愿在别人面前“丢面子”，所以我们想要说服别人，就要把握好尺度，避免与对方发生直接冲突，让对方感觉“没面子”，给说服留余地，不要把话说绝。

有“礼”有面

“留面子”代表对他人的一种尊重，当对方对你的想法提出异议或者说出一些比较刺耳的话语时，你要先让自己冷静，无论对方是对是错，你都不能表现出傲慢与轻视的态度，比如直指对方的问题，比如语气生硬地说“你错了”“是你的想法有问题”“你没听明白我说的意思，我是说……”，这些说法明显地抬高了自己，贬低了对方，会挫伤对方的自尊心。对方一旦产生排斥心理，感觉到面子受到威胁，通常会拒绝与你继续讨论。他可能会努力转移讨论的话题，以避免受到这样的威胁。就算你说的话再有道理，对方也会听不进去，那么这样一来，你的说服也就进行不下去了。

所以面对异议，最好的办法是无论对方表现出怎样的态度，都先顺从对方的说法，可以说“嗯，你说的确实有几分道理，但我还想补充一些……”或者“我想也是，只是如果换个角度来看的话，可能会大不相同……”一类的话，这样才有可能在说话中“扭亏为盈”。

当然，每个人对自己面子的关心程度不一样，所以，很有必要事先了解对方心里对面子的关心程度。

别太直接，说话要绕“弯”

在社会交往中，要想获得做人的成功，必须懂得察言观色，善加分辨，最好在说话时巧妙地拐个弯儿，千万不要信口直说。因为每个人都需要自尊，需要面子。直来直去，容易伤人面子，使对方心中不快，以致造成双方关系破裂，甚至反目成仇。

话“礼”话外

小孟是个心直口快的人，有啥说啥，所谓的含蓄婉转，向来不会，所以经常得罪同事。饮水机没水了，他对同事小崔说：“帮个忙换桶水吧，就你闲着。”

小崔一听就不高兴了：“什么就我闲着？我在考虑我的策划方案呢！”

小孟碰了一鼻子的灰。

一天，几个同事在一起谈话，让小孟说一说对公司管理的看法。于是小孟竹筒倒豆子，噼里啪啦一吐为快：“我认为目前我们公司的管理非常混乱，有令不行、有禁不止，简直一个乡下企业。”大家立刻不爱听了，认为小孟话里有话，似乎同事们都是坏蛋，就他一个好人。

另有一天，同事小汪走进来对小孟说：“你知不知道，大家都私下里叫你‘西伯利亚寒流’。”

小孟笑了：“为什么呀？”

小汪答道：“因为你说话总是冷冰冰、硬邦邦的，掷地有声，不注意措辞，经常令人难堪啊！”

小孟一下子把头低下了，他认识到自己说话太冲，杀伤力太大，难怪大家都不喜欢他。

有些年轻人说话，往往并不顾及别人的心理，常常是有一说一，有二说二的。但在与人交往时，有时为了避免伤害他人，或是为了得到别人的帮助时，都必须将要表达之意寓于其他话语中，才能收到好的效果。

有“礼”有面

任何一种意思都可以含蓄委婉地表达，与人说话时，言语不可太直，否则会招惹对方不快。所以，在与人交往的过程中，年轻人一定要学会说话“绕弯儿”，这样才不至于冲撞别人，才会讨得别人的喜欢。

人的脾气秉性各有差异，有的人比较注意细节，做什么事都很讲究，在言行、礼仪、服饰、交往等方面也都很有规范；有的人则不拘小节，为人处世大大咧咧、随随便便、马马虎虎。讲究细节的人自有其行事原则，不拘小节的人也有自己的一套想法。假如你看不惯那些不拘小节的人，而对方又是你的领导的话，那你提意见时要格外注意了，最好能在维护双方感情的前提下，委婉地讲出自己的看法。

有心智的人对于任何事情，在任何时候都会为自己留一条后路，对人说话太直接可能会遭到不必要的嫉恨。一件事情只显现出他的三分而留七分在其后，无论事情发展到什么地步，都会使自己有足够的空间去把握。

打人不打脸，骂人不揭短

有时候，“揭短”是故意的，一般用在互相敌视的双方作为攻击对方的武器；有时“揭短”又是无意的，那是因为自己一不小心冒犯了对方的忌讳。无论有心或者无意，在与人交往中揭人之短都会伤害对方的自尊，轻则伤害双方的感情，重则导致友谊的决裂。

话“礼”话外

在中国历史上，出身贫寒的明太祖朱元璋做了皇帝后，自然免不了往日的穷哥们儿来到京城找他。这些人都认为朱元璋会念在往日同患难的情分上，封他们个一官半职，哪知道朱元璋最忌讳别人揭他的老底，认为那样做对自己的威信有损，因此对旧日哥们儿大都拒而不见。

有位朱元璋孩提时一起长大的好友，千里迢迢从老家来到南京，几经周折总算走进了皇宫。一见面，这位老兄便当着文武百官大声叫嚷起来：“哎呀，朱老四，你做了皇帝可真威风呀！还记得我吗？当年我们俩一块儿光着屁股玩耍，你做了坏事总是让我替你挨打。记得有一次我们俩一块儿偷豆子吃，瞒着大人用破瓦罐煮，豆子还没煮熟你就先抢起来，结果将瓦罐都打烂了，豆子撒了一地。你吃得很急，豆子卡到嗓子眼儿里，还是我帮助你弄出来的。怎么，忘记啦！”

这位老兄依然在那喋喋不休地讲个没完，宝座上的朱元璋羞愤交加，心想这个人太不知趣，居然当着文武百官的面儿揭我的老底，让我这个做皇帝的脸面往哪儿搁。盛怒之下，朱元璋下令将这个穷哥们儿杀了。

这就是戳人痛处的悲惨下场。

有“礼”有面

在待人处世中，场面话谁都可以说，但并非谁都会说，一不小心，或许就踏进了言语的“雷区”，触到了对方的隐私或痛处，犯了对方的大忌，对听者造成一定的身心伤害。

实际上，人人都是各有所长，亦各有所短。待人处世若想成功，一个很重要的因素就是善于找到对方身上的优点，夸赞对方的长处，而不是紧紧抓住对方的隐私、痛处或缺点，大做文章。

时刻谨记：不可揭人之短，伤人自尊！

君子风度，有理也要让三分

生活中有很多这样的人，无理也要争三分，得理一定不让人。之所以如此，正是因为自古以来所流传的那句俗语——“有理走遍天下，无理寸步难行”。他们认为，只要有充分的理由，做任何事情都不用害怕，甚至更多的人会据理力争，不顾别人的脸面。相反，有些人真理在握，却不吭不响，得理也让三分，显得豁达而柔顺，一派君子风度。

话“礼”话外

曾有位名叫麦金利的美国总统，由于用人问题，遭到某些人的强烈反对。在一次国会会议上，有位议员甚至当面粗鲁地讥骂他。他极力克制自己的怒火，没有及时发作。

等对方骂完了，他才用较为温和的口吻道：“现在，你的怒气应该平和了吧，按道理讲，你是没有权力这样责问我的，但是，现在我仍然愿意详细解释给你听……”他的这种姿态，让那位议员羞红了脸，矛盾很快就缓和了下来。

试想，假如麦金利得理不让人，利用自己的职权和得理的优势，咄咄逼人地对那个议员进行反击的话，那对方绝不会很快服气。麦金利得理也让人，不和他人计较，不愧是一个大智者。

当一个人做错事时，会产生两种心理：一种是感到悔恨、抱歉，希望能给你补偿；另一种是认为和你的交情已无法挽回，从此与你为敌。他能走上哪条路，要看你自己。当你牢记别人与你的私怨，就等于你向别人打出了战牌；而宽容和忘却则是一种召唤，是给予他人和自己一次重新开始的机会，在给别人机会的同时，也同样给了自己一个机会。

有“礼”有面

明朝洪应明所著的《菜根谭》中说：“处世让一步为高，待人宽一分是福。”古人还有“有理也要让三分”“得饶人处且饶人”等不少名言警句。这些句子无疑都告诫人们，得理也要让人，要讲礼让、谦让、退让和忍让。天下只有一种方法能得到争论的最大利益，那就是避免争论。如果你辩论、争强、反对，你或许有时获得胜利；但这种胜利是空洞的，因为你永远得不到对方的好感了。在我们理亏的时候，我们要谦逊而真诚地道歉，即使我们有理的时候我们也要给人以温文尔雅的感觉。

在现实生活中，当别人在犯错的时候，给对方以弥补错误的机会，给对方以自尊，相信大部分人都会为宽容博大的胸怀所折服，会忠诚而积极地回报。反之，不给对方以纠正的机会，当机立断地施以责罚和惩处，不仅不会让对方信服，更会挫伤对方的积极性。可见，同样一种情况，用不同的方式处理得到的结果也自然不同。有理让三分，可以赢得尊重，赢得朋友，更会给自己带来许多意外的收获。

不要忘记那句古语：“用争夺的方法，你永远得不到满足；但用让步的方法，你可能得到的比你期望的更多。”所以，为了培养和锻炼良好的心理素质，你要勇于接受忍让和宽容的考验。

小测一下

你具备圆熟的社交技巧吗?

测试导语：

不恃才傲物可能被视为平庸无为；不投机取巧可能被看作不思进取；开口先笑可能被认为是笑里藏刀。这并不代表以上的这些是缺点，而是你怎么才能把这些优点发挥到圆润自然、张弛有度、浑然得体。简单地说，就是要具备老辣的社交技巧。那么你具备这些技巧吗？不妨测一测！

测试开始：

1. 假如以后老板让你去做一件你觉得很难做到的事情，你会怎么办?

A. 你会咬紧牙关，花费几个小时拼命地工作

B. 做到某种程度而发觉不行时，将情况向老板汇报

C. 即使求助于他人也要把工作做好

D. 自己无法做好的事情，会放弃不做

2. 假如有两位相熟的异性同时向你示爱，你会怎么处理?

A. 把两人叫过来加以详谈后分开

B. 只与一位适合自己的人交往

C. 在两人之间周旋

D. 将两人视为普通朋友，同时交往

3. 当在学习上感到不顺心和不如意时，用哪种方式来发泄呢?

A. 到常去的大海

B. 出去散步使心情平静

C. 消费

D. 听音乐

4. 如果你从朋友口中得知另一个朋友在背后说你坏话，你会怎样？

A. 默默地承受而不加理会

B. 与忠告者一起出游，将误会澄清

C. 直接找说坏话的人算账

D. 找说坏话的人问清情况

计分标准：

A.5 分 B.3 分 C.1 分 D.0 分

心理透析：

18 ~ 20 分：如果你能再成熟些，即可体会爱的真意。你的心理在社交方面相当成熟，而个人生活方面就不太成熟了。这种不平衡也是你性格上的魅力，因为它令人有新鲜感，这会让人产生想要探知的欲望。

14 ~ 17 分：你的心理正在成长中，因为兴趣广泛而无法局限在一件事上，对要紧的事应该立即着手，如能有所取舍，你的心理会成熟得更快。你是个有前途的人，你会很快掌握社交技巧的，只是要在这个过程中承受住一些心理上的考验。

8 ~ 13 分：你的社交技巧可以说是相当贫乏的，你的心理还很幼稚。对这种人而言，实践比学习更重要，但学习也不能忽略。

0 ~ 7 分：你对爱的想法相当成熟，但心理成熟是没有界限的，所以应该想办法，使自己能与人相处得更好。你现在需要加紧努力的是，注意与周围人搞好关系，千万别脱离集体，要合群。

第 10 章

杯杯有“礼”：二十几岁男人必懂的应酬礼仪

应酬，是当今社会人与人交往的又一种沟通艺术。它有一条重要的原则就是迎合别人的需求，从而达到自己的目的。应酬中蕴含做人的哲理，包括处事的真谛，要打好应酬的这张牌，除了需要一定的天赋，更需要从中不断领悟。能否在社交中四面威风，八面玲珑关键看你会不会应酬礼仪。

二十几岁男人应懂得酒桌言谈礼仪

“酒文化”源远流长，生意场上的交际方式大多在酒桌上。生意人在做生意的过程中越来越发现酒的作用以及酒文化的重要性。当然，学习一些相关的礼仪常识，可以提升自己素养。

话“礼”话外

王师傅的儿子带着女朋友来拜访，王师傅和老伴在家准备好了酒菜。一见面，大家彼此都很满意。但王师傅有个毛病，就是一沾酒话就多。这天，王师傅喝到兴头上，没管住嘴，开始滔滔不绝地“演讲”。一开始，儿子女朋友还能接受，但看天色渐渐变晚，王师傅还没有停下的意思，终于不耐烦了。于是，只能尴尬地打断王师傅的阔论，饭也没吃好就回去了。

酒桌上，适当地说些祝酒词是必要的，但一开口便滔滔不绝，往往会引起他人的反感。

有“礼”有面

酒在这里只是充当一种媒介，人们在迎宾待客、亲友相聚时，都可以借助喝酒来传递相互之间的情谊，进行彼此间的沟通。酒桌之上，喝酒只是形式，所要表达的意愿才是真正的目的。因此，酒桌上的言谈举止就要非常讲究。我们必须注意以下几个方面。

1. 紧紧围绕主题

比较正式的酒宴都有一个主题，比如婚庆喜宴、生日寿宴、升迁喜宴、开业庆宴、迎送答谢宴等，喝酒时所说的话都应该紧紧围绕主题，借酒把该表达的意思完美地表达清楚。

2. 诙谐幽默，语言得当

喝酒的时候一般气氛都比较融洽和热闹，所有到场的宾朋心情都非常好，借此机会尽可显露你的才华、学识、修养和交际风度。有时一句机警而深含智慧的幽默话语，能给人留下深刻的印象，让人心生好感。适当的时机也可讲一些历史典故、名人逸事，活跃酒桌上的气氛，但一定要把握好时机，如果时机不对就弄巧成拙了。

3. 主次分明，敬酒有序

敬酒也大有学问。一般来说，按照年龄大小、职位高低、辈分高低为序来敬酒，做到心中有数，分清主次。给长辈、领导敬酒，为表谦卑，先向其杯中稍倒一些酒，再给自己斟满，说一些祝福语，然后先干为敬。给同辈分的人敬酒，比如朋友、同学以及同事，也是向其杯中斟满酒，说一些话，再提出怎样喝的要求。督促大家都喝完，否则的话，大家喝多少随意。不要强行灌酒，不能勉强他人多喝。

喝酒是为了尽兴，只要能坐到一个桌上喝酒必定都是关系亲近之人，没有必要掺杂使假。但有些时候也要看清场合，了解在座各位的实力，然后与自己的酒量做比较，开始的时候最好不要过于冲动，尽量保持一些酒力和说话的分寸。到最后的关键时刻，再将自己的真面目示人，如此一来，可以赢得他人的赞许。

4. 切忌私语

参加酒宴的人都比较多，所以交谈的话题尽量是大家都能参与进来的，大家都能够说得上话，否则话题太偏，参与的人少，这就没有意义了。切记：不要目中无人，夜郎自大，应该给众人发言的机会。酒桌上切忌私语，不仅不礼貌而且会冷淡了别人。

二十几岁的男人，这些话不可说出口

如果你酒量好，和大家喝酒的过程，将会是你施展个人魅力的好时机。如果你酒量不佳，那么也不要紧，千万不要硬着头皮喝酒，适当展示下口才，也会收到良好的效果。

话“礼”话外

胡小东在酒桌上从没被人灌醉过。有一次，胡小东的朋友打电话约他喝酒。他原本想和朋友好好喝几杯，谁知朋友却在电话那边说：“来喝酒吧，今晚不醉不归。”在路上胡小东心里想：“如果想灌醉我，先得说服我才行！”

结果跟预料中的一样，对方软磨硬泡地要胡小东喝酒，但是胡小东也不是吃素的，他站起来说：“只要心里有，茶水也当酒。酒逢知己千杯少，能喝多少喝多少，喝不了赶紧跑。出门在外老婆交代，少喝酒、多吃菜，够不着了站起来。输了咱不喝，赢了咱要赖，吃不完了兜回来……”胡小东“噼里啪啦”一大堆拒酒词说得在场诸位心服口服。不仅如此，席间胡小东还大讲特讲了许多话题，从最新时政新闻到明星花边趣闻，从职场争斗到家常琐事……由于胡小东太能说了，而且每个话题都说得趣味十足，所以大家也就不强逼他喝酒了。因为这次聚会，聊天显然比喝酒有趣得多。

中国式饭局，觥筹交错间皆是人情世故，如果你不能说，就得会喝，如果你不能喝，就得会说。

有“礼”有面

在正式的酒会中会说很重要，我们应该明白什么话当讲，什么话不当讲，讲话时应该采用何种方式、何种语气等，都需要非常注意。

第一，避免不恰当话题。在商业会餐中要注意有些话题是不必要提出且应该避免的，下面我们来了解一下这些话题，以免在今后的生活当中招来不必要的麻烦。如：薪水问题、私人生活、家庭财产等。

第二，避免不恰当的玩笑。交谈中，适当地开个玩笑，可以松弛神经，活跃气氛，创造交谈的轻松、愉快氛围。但玩笑开得不好，则会适得其反，使彼此陷入尴尬的境地。所以，开玩笑要把握好分寸。

第三，避免表达上的不良习惯。同一件事，不同的表达方式会带来不同的表达效果。不良的表达方式会让表达效果大打折扣，因此某些表达方式我们要尽量避免。如：避免烦琐，同样的言辞避免用得太频繁，避免口头禅，避免使用粗俗的词，避免滥用术语等。

二十几岁男人应懂得西餐饮酒礼仪

如今越来越多的年轻人开始喜欢吃西餐。每当聚会或是约会的时候，二十几岁的你是否会因为在西餐厅里面不懂一些礼仪而尴尬？下面一些关于西餐饮酒礼仪常识，希望能够帮到你。

话“礼”话外

在西餐礼仪中，不同的菜品要搭配不同的酒水。西餐上的酒水分为三种：餐前酒、佐餐酒、餐后酒。

餐前酒又叫开胃酒，顾名思义，就是在吃正餐之前搭配饮用的，一般有香槟酒、味美思和鸡尾酒。

佐餐酒就是吃正餐时饮用的酒水，大多是配用干葡萄酒或是半干葡萄酒等葡萄酒类的酒水。有个讲究“白酒配白肉，红酒配红肉”，意思是享用白肉（有鸡肉、鱼肉、海鲜等）时，应与白葡萄酒搭配；享用红肉（牛肉、羊肉、猪肉等）时，与红葡萄酒搭配为最佳。

餐后酒指的是享用完正餐后，用来助消化的酒水。最常见的是利口酒，又名香酒。其中有“洋酒之王”的白兰地酒是最有名的餐后酒。

有“礼”有面

西餐和中餐不同，其中包含的礼仪和规矩也是有所差别的，尤其是在正式场合，饮用酒水颇为讲究，其中斟酒、祝酒、干杯是应用最多的饮酒规矩。那么在西餐中，喝酒有哪些讲究呢？

1. 斟酒

向客人斟酒的一般是主人和侍者，其他的宾客一般不宜为他人斟酒。侍者斟酒要致谢，男主人斟酒时，宾客端起酒杯，站起来致谢，女士则欠身点头为礼。

2. 敬酒

敬酒在宴会上一般是免不了的，而且主人还会有祝酒词。在敬酒时，他人应该一律停止用餐或饮酒。

3. 干杯

如果有人提议干杯，提议者应先起身，其他宾客也应右手拿杯，左手托着杯底，微笑地面对他人，即使你有什么原因不能饮酒，也要拿起酒杯装装样子，以示对别人的尊敬。

4. 香槟只喝一半

在西餐中应用香槟来干杯，用其他的酒滥竽充数都是不符合礼数的。而且，香槟酒一般饮用一半为宜，但也要量力而行。

5. 只敬酒不碰杯

在西餐酒水礼仪中，人们只祝酒不劝酒，敬酒也不会真正碰杯。

6. 不能离开座位去敬酒

西式宴会中，随便走下座位，向他人敬酒，或与相距较远者干杯，尤其是交叉干杯，则是极其不礼貌的行为，是不被允许的。

7. 酒度适量

不管在什么场合，饮哪种酒，都要量力而行，不能过度饮酒，以保持风度，遵守礼仪。

二十几岁男人“自罚三杯”有讲究

一群要好的朋友聚会，如果你因为一些事情迟到，肯定要受到一定的惩罚，否则太对不起那些按时到达的人了。因为大家都是关系很要好的朋友，所以这点小错误，大家肯定不会太计较。但即便如此，你也要适当向朋友们“表示表示”，毕竟你有错在先。所以，就心甘情愿地接受朋友的小惩罚吧！

话“礼”话外

李科最近参加大学同学的聚会，因为路上堵车，所以迟到了 20 分钟。等他到达指定的餐厅时，大家已经开始喝酒吃饭了。李科刚坐下来，还没来得及说话，好朋友小王就端起酒杯，开始对李科展开攻势了。

“哎呀，大家毕业后就聚少离多了。你看，今天能聚到一块儿，真是挺不容易的。人家小白家住那么远，而且晚上还有会要开，都早早赶来了。你看你，这么千载难逢的机会，还迟到，是不是要自罚三杯以示歉意呢？”

李科假装一脸苦相地说：“今天迟到，真不是我故意迟到啊，实在是北京的交通太不给力，请大家原谅啊！”

听了李科的话，坐在对面的小刘笑着端起了酒杯站起来，说：“哎呀，李科啊，罚酒三杯本来就是一项不成文的规定。你看你，三杯酒还没下肚，就先忙着解释，还把责任推卸在了交通上。我们大家不也在北京嘛，我看真正不给力的不是北京的交通，是你啊。哈哈，既然你这么不给力，那么我们也就不给力了。来，你先把小王的那三杯喝了，吃两口菜，我这还有三杯等着你呢。为啥灌你，就不解释了。”说完，小刘就哈哈大笑了起来，其他同学也哈哈大笑了起来。李科怎会不懂酒场之礼，他故意露出一脸“无奈”的表情，愣是连喝了六杯才过关。

有“礼”有面

“罚酒三杯”是中国人独特的劝酒方式。罚酒的理由五花八门，最为常见的，是对酒席迟到者罚酒一杯或三杯。使用此方法，还要充分调动其他在场者的力量，争取让大家认同你的说法，然后鼓动其他人，一起给对方施加压力。一般来说，只要挑出的毛病不是牵强附会或是无理取闹，被罚的人都会甘愿接受的。

酒宴迟到应该做到：

（1）进门先道歉，向大家说明缘由。

（2）可以自罚一杯以示歉意。

（3）朋友罚酒，不可面露不满之色。

二十几岁男人，别让你的酒杯凌驾于长者之上

中国的酒文化历时千年，流传至今，酒桌上的很多细节都是很有讲究的，如碰杯时酒杯杯沿的高低就有学问。

话“礼”话外

前不久，因志趣相投，沈天结识了三位新朋友。为了表达自己的敬意，沈天邀请这些朋友来家里小聚。三位年长的前辈很看好沈天，纷纷答应邀请。沈天早早准备好酒菜，大家齐聚一堂，畅谈起来。可前辈们跟沈天碰杯时，沈天总是肆无忌惮或高或低地碰过去。这顿饭之后，其中一位朋友在微博上隐晦地提到这件事，并对沈天的行为有所批评，沈天这才意识到自己失礼了。

有“礼”有面

现今的人们在敬酒时，习惯碰杯，以酒杯相撞的声音来体现欢愉心情的表达。但是，碰杯并不是简单的酒杯相撞，而是要讲究杯沿的高低的。一般而言，碰杯时，位尊年长者或是为客者杯沿宜偏高，而位卑年幼者或是主人酒杯的杯沿应该偏低，从而体现长幼尊卑有序，表达后者对前者的尊重和敬意。除此以外，朋友之间，男士给女士敬酒时，通常男士的杯沿要低于女士。如果是同辈之间或是关系密切的，则杯沿高度可以相等。这些是大家约定俗成的习惯，虽没有硬性规定，但对于很多人而言，注意这一点是极为重要的。如果不分高低，有可能给对方造成不好的印象，觉得你不懂礼仪，不分主客，不懂尊卑。遇到爱计较的领导，甚至觉得你有取而代之的想法，在你的工作中，可能会给你制造麻烦。对他人的尊敬，要表现在每一个细节中，碰杯时杯沿的高低也要依据其含义，有所讲究。

碰杯时，要注意杯沿的高低，切记以下几点：

（1）碰杯时要低于长辈、上级和女士，以示尊重。

（2）如果是敬酒，往往要把酒杯放低；如果是被敬，则不宜放得太低。

（3）平辈之间无须表现谦卑时，可以把酒杯放置同样的高度。

二十几岁男人应懂得“一人向隅，举座不欢”

俗话说：“一人向隅，举座不欢。”当客人怀着欢欣的心情坐到你的宴席上来的时候，他们不是为了吃点什么，喝点什么，而是为了通过这种社交互诉衷肠、互诉友情。只要主人能以平等的态度对待每一个客人，那么，宴席上的“皆大欢喜”是不难做到的。如果“热”此“冷”彼，“冷”者当然不高兴，“热”者心中也不会好受。

话“礼”话外

有这样一场家宴，宴席上坐着男主人、男主人的上司——陈总，男主人的几位同事。圆桌上的酒菜已经让人感觉全心全意了，围着花围裙的主妇还是一个劲儿地上菜，嘴上直说：“手艺不好，让大家笑话了，大家随便对付着吃点。陈总，今天实在是对不住了啊。”

男主人也趁势站了起来，把陈总面前吃得半空的冷盘撤掉，接过妻子递过来的热菜放在他面前，热情有余地说：“陈总，我老婆的手艺不好，这顿让您凑合了！”

陈总客气地说：“什么啊，你老婆的手艺可真是一流，我好久都没有吃到过这么可口的家常菜了，你们太谦虚啦。”

男主人本来就是谦虚，听了陈总这么一说，高兴得合不拢嘴，他赶紧给陈总夹菜，添酒：“来陈总，你尝尝我老婆烧的鲈鱼，你再喝两口我老婆特意从老家带回来的烧酒。这烧酒配鲈鱼，是绝佳的搭配啊！您试试看。”男主人对陈总热情有余，但对在座的其他同事，则显得有些敷衍，只是简单说几句“请用”。

有“礼”有面

面对“尊卑有别”的款待，案例中男主人的几位同事感到非常难堪。陈总倒是被这对夫妻前前后后招呼得乐不可支，而他们几个同事则被晾到了一边，喝着闷酒。男主人完全没有将这些看在眼里，继续和上司有说有笑，相互碰杯敬酒。最后，有两位同事实在忍无可忍，愤然起身，没等宴席告终，就以“有事”告辞了。这时，男女主人才意识到同事的情绪都不是很高，连忙以“招呼不周，招呼不周”道歉。但即使是上司在场，这两位同事也一点面子都不给，执意离开。一场喜庆的酒宴因此不欢而散，陈总也没心情吃饭喝酒了。

如果请客的人眼里只有上司，没有他人，说话言谈都是围绕着上司转，这会严重伤害其他同事的自尊心和面子，非但不能增进主客间的友谊，反而会造成隔阂。

在酒桌上应该平等待人：

（1）在酒桌上不能只和一人或几人说话，应适当和每一个人交谈、敬酒。

（2）敬酒时不应只敬一人。

（3）宴请他人时一定要照顾周到，不可厚此薄彼。

二十几岁男人应懂得宴请之道

中国有句古话叫“无功不受禄”。因此请别人吃饭一定要找个合适的理由，恰当的宴请能大大拉近人与人之间的关系，从而提高办事的成功率。如果对方能欣然赴宴，那么事情也就成功了一半。

我们可以根据办事的性质、对象而采取不同的方式发出邀请。如大多数学者、专家等，工作忙、时间紧，公开邀请，甚至借助传播媒介，既能体现公正无私、光明磊落，又有利于引起关注、促进宣传、扩大影响。

话“礼”话外

小孙是刚进来的应届毕业生，刚从学校出来的他不懂繁杂的人际关系，和公司里元老级的同事显得总是不合拍，其实小孙也是一个开朗外向的男孩子。同事总是能请到单位里的上级领导吃饭，拉近关系，小孙就是找不到宴请理由，没有女朋友，生日也还有很久。小孙在单位门口的餐厅吃饭，无意看到对面有个销售彩票的小商店，小孙灵机一动，突然想到一个好办法。

从那天，小孙开始买彩票，有意无意将买来的彩票遗忘在办公桌上。小赵买彩票的消息，在同事间传播。一天早上，小孙郑重宣布自己彩票中奖了。下班了，同事和科长被请进了酒楼，酒足饭饱后，小孙从大家的眼神里看到了认可和友好的神情。因此，小赵渐渐融入了这个大集体，那次“虚拟”的中奖帮了小孙大忙。

有“礼”有面

请客的理由也五花八门，生日、乔迁、工作调动、开业典礼等都能成为请客的理由，但是，找一个好理由宴请别人是最重要的。我们不妨掌握邀请客人的三大技巧。

1. 开门见山

直接对别人发出邀请，说出你宴请的目的。比如，当你想邀请经理吃饭时，你就可以直接对他提出邀请，说出自己的目的。比如：“喂，刘经理吗？我们现在在海天酒楼吃饭，过来认识几个朋友吧，我们等你来啊。”

这种开门见山直接发出邀请的方式，既显示出了关系的亲近，又能活跃气氛，也能使求人办事变得很自然。

2. 借花献佛

宴请别人时，要注意方式，方式得当，大家皆大欢喜；方式不当，大家不欢而散，更会给人添堵。可以换一种邀请方式，不妨采用“借花献佛”的方式邀请他人，更容易让别人接受。

比如：“乔总！我今天升职了，我请你喝酒，咱们庆祝庆祝！”然后你就可以提出请他帮忙，那时候都喝了你的酒，哪会不好意思帮你。你的升职就是“花”，用来借用一下，你就更容易办事了。

3. 喧宾夺主

在宴请他人时，还有一种喧宾夺主的邀请方式，这种方式需要你事先调查一下要邀请的人所在的环境，就近选择一家有特色的酒店，然后开始发出邀请。

宴请是人情交际中的重中之重，在现代社会中，宴请渗透到社交活动的方方面面。宴请是十分讲究的，要想在宴请中做到皆大欢喜，主荣客喜，那么为你的宴请找个恰当的理由则显得尤为重要。

二十几岁男人应懂得强行劝酒不可行

有人说，酒品即人品，这句话并非妄言。一个人在酒桌上的品行跟这个人的人品是相关的。强行劝酒就如同强迫他人做其他事情一样，都是没有节操的行为。

话“礼”话外

江尚是新来公司的实习生，大家对他都很照顾。但在一次同事聚餐时，江尚的行为让大家大跌眼镜。同事聚餐，大家都很兴奋。酒端上来，大家都举起杯来，一饮而尽，只有不胜酒力的小玲抿了一口。大家都不甚介怀，可江尚却不依不饶，强行要让小玲喝完。小玲无奈，只得全喝了。江尚却继续为小玲倒酒，并说：“不喝完可不够意思。”小玲多番解释，江尚都充耳不闻，还把酒杯端到小玲嘴边，气急的小玲转身离开了。这次的聚餐也就不欢而散了。

有“礼”有面

劝酒要讲求文明、礼貌，尊重对方的意愿，不可固执己见地找各种理由强迫他人饮酒。饮酒本身是有害健康的，多饮无益，而且，每个人的习惯不同，有些人不喜欢或者不能喝酒。强行劝酒在任何场合都是不受欢迎的，这种举止十分粗鲁，容易让对方记恨。如果是参加喜宴，强行劝酒会让新郎尴尬、新娘无奈，甚至还会留下不愉快。如果是关系一般的朋友，强行劝酒有可能引起争执。如果对要开车的人强行劝酒，使对方喝得醉醺醺，甚至烂醉如泥，是对对方安全的不负责。如果因此出现交通事故，劝酒者也难逃良心的谴责。强行劝酒，让人厌烦。有些人仗着自己的辈分或是职位，要求晚辈或下属喝酒，这既是不尊重他人的表现，也是不自尊自爱的行为，很难赢得晚辈或下属真正的尊敬。

酒桌上一定要尊重他人的选择，切不可强行劝酒。

劝酒莫强行，尊重他人即尊重自己：

（1）敬酒要有节制，不可强行劝酒。

（2）要察言观色，对方有抵触时，不可再勉强其喝酒。

（3）对开车者、长辈和领导不要劝酒。

（4）不要说“我干了，你随意”或“不喝就是不给面子”之类的话，以免让对方因顾及你的情谊而被迫喝酒。

二十几岁男人应懂得敬酒礼仪

在宴请别人时，有时为了表示自己的诚意，就需要向别人敬酒。要注意的是，敬酒也是一门学问，一项艺术。

话“礼”话外

老王最近特别高兴，因为他的儿子不负众望，考上了北京某所重点高校。为庆贺儿子考取大学，老王专门在家筹备了酒席，邀请了儿子的几位老师。

当所有老师坐定之后，老王端起酒杯态度诚恳地说：“小儿寒窗苦读十年，今日金榜题名，全靠各位老师辛勤栽培，谆谆教诲。在这里，作为家长的我，真是感激不尽！正所谓‘人逢喜事精神爽’，为此，我敬诸位老师们一杯，所有的感谢都在这杯酒里了。来，干杯。”

大家一起举杯之后，老王又挨个敬各位老师。儿子的数学老师因为酒量有限，怕喝多了会耽误明天的课程，所以打算以饮料代酒。但是略有醉意的老王显然不肯放过这位数学老师。这时，老王把自己的看家本领拿了出来。只见他轻轻端起酒杯，笑容可掬地对数学老师说："李白斗酒诗百篇，这古代的一斗相当于多少杯，我不懂数学，也不会算。但是非常感谢您对我儿子的培养与关照。没有您，没有在座的所有老师，我的儿子不会有今天。在这里，我也斗酒表谢意，先饮为敬，您随意即可。”这位数学老师一看，也不好意思拒绝，就欣然地喝下了这杯酒。不仅他把酒喝了，其他几位老师也都主动和老王碰杯了。

俗话说“到什么山唱什么歌，见什么人说什么话”，劝酒也是如此，必须要针对宾客的身份、阅历、文化以及兴趣爱好等，采用最适合的辞令，才能劝他们喝下你敬的酒。

案例中的老王，面对在座的学识渊博的老师，他的开场白既有雅兴又得体，大家自然不好意思拒绝。他向数学老师敬酒时所说的一番劝酒词，也极有针对性，很切合对方的内心情感和自尊需要，使他感到了自己受到了尊重，要是不喝就有点儿说不过去了。

有“礼”有面

在宴会这样一个宾主尽欢的场合，有时候也难免冷场或者出现其他小小意外，这时用劝酒的方式则可以化解尴尬，让气氛热烈。下面是几种劝酒的方法可以适当地借鉴一下。

1. 讲缘分

大家能够相识，并同在一个酒桌上喝酒聊天，这就是一种缘分。为了这种缘分，大家干一杯。

2. 谈“第一”

在我们的生活中，大家可以有很多“第一”来劝酒：如初次见面，请多多关照；初次见面，真是一见如故，相见恨晚，一定要好好喝上一杯。此外，也可以用人生中的很多第一次来套用，如第一次出差、第一次来这座美丽的城市、第一次一起做某事等。有时候即使不是人生第一次，还可以适当加上定语变成第一次，例如今年第一次、这个月第一次、晋升后的第一次、在这个城市的第一次等。

3. 多祝愿

祝愿是对未来的美好期望，听到别人真诚的祝愿很容易让人快乐，可以结合被劝对象的实际情况来说一些良好的祝愿。如是生意人，可祝其“生意兴隆通四海，财源茂盛达三江”；若是老人，则可祝其“福如东海长流水，寿比南山不老松”；若是机关干部，则祝其“步步高升”；若是新婚夫妇，则可祝其“早生贵子，百年好合”；若在新年，则更多了，如“新春快乐、万事如意、阖家幸福”，“祝你一帆风顺，二龙腾飞，三阳开泰，四季平安，五福临门，六六大顺，七星高照，八面来财，九九同心，十全十美，百事亨通，千世吉祥，万事如意”……

4. 以退为进

对于酒量有限的人，过分劝酒显然不太好，不妨做出适当让步，自己喝一杯，别人喝半杯，或改喝低度酒，以此达到劝酒的目的。

5. 激将法

人都有自尊心，如果你可以巧妙地运用反语刺激对方的自尊心，让他意识到不喝了这杯酒就会损害自己的尊严，那么对方往往会逞一回英雄。不过，使用这种方式一定要注意分寸，否则会伤了大家的和气，那就得不偿失了。

在宴请中，你的态度，你的表现直接关系到你今后的荣辱成败，搞好了上上下下的关系，赢得了方方面面的好评，那么，成功还会远吗？当然前提是你得让大家从心底欣赏你。

小测一下

应酬中的大学问你懂多少?

以下哪一种酒，你平时最喜欢喝的？凭直觉选出。

A. 啤酒

B. 白酒

C. 红葡萄酒

D. 白葡萄酒

E. 香槟酒

F. 鸡尾酒

心理透析：

选A：你本人个性随和，与任何人都能谈得来，没有架子，容易获得他人的好感。

选B：你非常善于社交，喜欢结交朋友，交游广阔。

选C：你是一个遇事冷静，踏实能干之人，不过对金钱较为执着。

选D：你是感情用事，喜欢幻想的人，对世界一切充满希望，有点不切实际。

选E：你骨子里有追求豪华、高贵的倾向，你喜欢通过认识朋友来抬高自己的社会地位。

选F：你是个相当有才华和才干之人，举止优雅，做事有分寸，在社交方面宁缺毋滥。

下篇

二十几岁女人不可不知的社交礼仪

从仪态了解人的内心世界、把握人的本来面目，往往具有相当的准确性和可靠性。

——达·芬奇

第 11 章

“礼”上添花：二十几岁女人必懂的形象礼仪

其实女人不必如何惊艳脱俗，只要不邋遢，就是对与你交往的人在表示尊重。不邋遢其实很简单，不需要奢侈，不需要败家。你只要将自己打扮得干干净净、利利索索，再合理地装饰一番，你就是别人眼中优雅知礼的女人。

二十几岁女人的美貌，来自精致的妆容

现实生活中，对于二十来岁的女孩来说，不管是与朋友约会，还是同事聚会；不管是有家里长辈在的场合，还是与死党们在一起的开心下午茶，总之，需要你频频亮相，展现风采的时候到了。此时，你不仅需要衣着大方，妆容更要精致，我们不要小看妆容，如果你妆容出错，那么，不仅会让你信心全无，还会让他人感受到你的不尊重。为此，我们在与人打交道前，一定要精心准备，尽量以干净、利落、精致的妆容亮相。

话“礼”话外

露西是某时尚杂志新聘请的员工。

最近，公司要举办一次大型的年会，露西希望在这次年会上能认识公司高层的领导和时尚界的名人，为此，她比其他员工更重视年会前的准备工作。

年会的时间是在晚上，这天下午，露西早早地下了班，然后花了几个小时化妆，仔细审视半天后，她对自己的妆容很满意。

来到年会现场，她看到周围的一些前辈们已经早早到场了，奇怪的是，她发现这些前辈们并没有如她想象中的那样浓妆艳抹。正想着，办公室的同事蕾卡走过来，对她说：“露西，你今天怎么这么打扮啊？”看到一身鲜艳颜色、浓妆艳抹的露西，蕾卡很诧异地问。

“今天不是杂志的年会吗？我觉得不能怠慢，就打扮了一下，不然就显

得对人不尊重了嘛！”

“你呀，真是糊涂，这种大型的年会，我们是应该重视，但你知道不，这不是化装舞会，你这妆容则显得有点庸俗了。你过来……”蕾卡把露西带到卫生间，重新给她化了妆，蕾卡一边化一边说：“你知道吗？在时尚圈，你一定要学会根据场合来化妆，比如，对于这种晚宴妆……”化完妆的露西，清新了很多。在这次年会上，她认识了很多圈内的前辈，学到了不少的知识。

恐怕在我们周围，不少年轻女孩都会对化妆存在一些误解，她们认为，所谓的社交妆容就是浓妆艳抹。事实上，这种做法是绝对错误的。因为生活妆追求得体，往往缺少重点，会让人觉得过于平淡。而单纯加浓妆容，不顾气质场合，更会贻笑大方。

有“礼”有面

我们都知道，我们的服饰装扮一定要根据不同的场合来选择，与人交往，尽量要让自己的妆容显得精致，这是一种对人的尊重，要做到这里的“精致”，我们就要重视仪容的整齐干净，但并不是说要浓妆艳抹，为此，我们不妨学习以下几点内容。

1. 女孩要掌握一些正式社交场合的化妆大法

晚宴妆比较重视的是亮度、层次感，因此，最重要的就是选择眼影、口红和腮红的颜色。晚妆较多用紫色、玫瑰红色、银灰色、蓝色等突出主题的色彩，并较多用带有荧光的眼影或用于凸出面部的高光色，在晚间灯光下与有光泽的服饰相辉映，提高晚妆夺目的表现力。通常晚妆着色较平日更浓重一点，当然切忌走向极端，过于浓艳的女人，容易被人看成是粗俗与最不受欢迎的。

另外，就是层次感，如口红，可以有 3 个层次感，唇部外延色彩偏重，有较好和精细的轮廓感，唇部主体为主体唇色，中部可选择浅色或白色，也可选择富有光泽的唇彩或唇油，造成生动、丰富迷人的立体效果。

2. 注意妆容的一些禁忌

①细节上的失败，俗话说：“细节决定成败。”你的妆容整体效果如何，很多时候也体现在这点上。一些女孩做足了服饰、妆容、发型等功课，但最后还是被人认为是没水准和经验，关键还在于忽视细节。比如，一女孩涂了唇膏还能看出很深的唇纹，这一细节成了整体的败笔。

②妆容与服装质感冲突，一些不懂化妆的女孩常常会忽略妆效与服装质地的搭配，比如穿了光泽感很强的服装，居然“素面朝天”，或者穿了麻质和棉质的服饰，妆容却画得光泽闪烁，从整体上看，觉得很不协调。

③妆效太夸张或不均匀，厚重得像面具一样的底妆、过于艳丽的腮红、太过夸张的假睫毛，这些化妆化得过头了的状况，很容易被社交狂热派遇到，有时候太想表现自己，效果反倒适得其反。

一般来说，女孩们，若你们能注意到以上几点，就能大致做到以精致的妆容去与人打交道了。

二十几岁女孩的美丽，从“头”开始

在正常情况之下，人们观察一个人往往是“从头开始”的。位居于头顶之处的头发，自然不会被错过。而且还经常会给他人留下十分深刻的印象，因此，曾有一位商务礼仪专家指出：“每当人们与一位商务人员陌路相逢时，最注意对方的，大都是其发型、化妆、着装等几点。正因为如此，一名商务人员假如不想使本人形象受损，就不能够在外出应酬时不重视上述各点。”

当然，不仅仅是商务人士，生活中的任何人，更包括那些爱美的年轻女孩，也都应该注意自己的发型，无论在什么场合，都要随时保持好你的发型，不要过于随意凌乱，干净、利落的发型能让你显得成熟、干练，不至于失态。

话“礼”话外

高中毕业以前，小丽一直有着一头柔顺的长发，上大学后，因为自己无法料理，她狠了狠心，便剪了一头干净、利落的短发。于是，她由一个气质美女一下子成了一个假小子。

通常情况下，她都是一条牛仔裤，一件休闲上衣。就这样，四年过去了。她依然带着这身打扮进了现在这家公司。在公司，虽然很多人也挺喜欢她那身帅气的打扮，但是慢慢地她发现了一个她非常不愿意看到的现象，那就是很多男同志都把她当哥们儿，女同志则把她当帅哥，这当然和她那豪爽如男儿的性格是分不开的。更让她受刺激的是，有一次，她到 KTV 唱歌，居然有女士把她当成男人，对她说：“先生，我们一起唱吧。”

回到家，她为此郁闷了很久，心灵第一次触动了。作为一名女性，谁都希望得到异性的追求，谁又不想小鸟依人般地撒撒娇呢！可这开朗的性格、这男性化的打扮夺去了她作为女性该有的娇柔。于是，她准备改变自己的形象。她开始向别人请教怎么改变形象，才能让自己更有女人味，一些男性朋友建议她把头发留长，他们还委婉地告诉她：凡是男的都喜欢女孩子的头发是长发飘飘的，那样比较有女人味。

这下子，小丽才明白，是时候改变自己的形象了：蓄长发。说起来容易，但是短发留长的过程是何等艰难啊，没有造型的半长不短的头发，把爱美之人丑化得心力交瘁。但她告诉自己必须坚持才能柳暗花明，身边的朋友也安慰她：“我们都不会嫌你难看的，我们一起帮你加油，坚持过去这段时间就好了。”

一年多过去了，她那头秀发又回来了。有一天，她去了一家发型会所，让发型设计师为自己设计了一个很棒的发型。去上班的时候，同事看到她的那样子都惊讶不已，有的甚至从背后都没认出她来，惹得几个女同事说：“原来装扮女人味要从‘头’开始啊。”

有“礼”有面

看着那些长发飘飘的女子，不禁感慨久违的女人味回归了。

现代社会，虽然中性风一度流行起来，但无论社会发展到何种程度，人们对美女的遐想，还是会常常跟秀发联系在一起。所以“女人味”除了温柔的性格、善待他人的心、动听的声音、婀娜的体态，还需要一头如水的长发。

不妨也为自己的指甲美美容

爱美的女士绝对不会忽视她的一双手。露出衣袖外的一双手可看出你对仪容的关注。除了涂上润肤霜以保持双手肌肤健康外，一双纤纤玉手配上精心修饰的指甲，一定会让他人感觉你很有女人味。

话“礼”话外

小王是一家日化用品推销员。有一次，她赶去某位夫人家里做产品演示，去的时候小王充满自信，因为这位夫人是一个老客户介绍的，而且对小王公司的产品颇有兴趣，但是不到半个小时，小王就垂头丧气地从那位夫人家中出来了。因为她犯了一个错误：当她做演示时，发现自己右手的指甲缝里沾了不少油污——可能是做家务时留下的痕迹。这些平时不太引入注目的油污，此刻却变得格外刺眼，她感到那位夫人一直在盯着这只手，于是她只好手忙脚乱地做完了演示，结果不言自明，那位夫人婉转地拒绝了推销，而最让小王难过的是对方看她的眼神，那分明是在告诉她：“你不是一个合格的推销员。”

有“礼”有面

讲究礼仪的爱美女性应当多花些时间在美甲上。对于美甲，有几点是必须注意的：

（1）在做完美甲之后要定期修补，以免涂抹的指甲油脱落成星星点点，指甲面色彩残缺不完整。

（2）指甲的修剪最好在专业的美甲店里进行，不要自己修剪得像和尚的光头，指尖圆滚滚的肉露在外边。如果你的手指甲不是非常好看，这种对待指甲的方式可不是聪明的选择。留指甲是为了修缮不完美的手形，光秃秃的手指会令你的整体形象大打折扣。

（3）要避免所涂的指甲油颜色与唇膏和眼影的色泽不一致，会给人杂乱和不专业的感觉。

一个得体的女性要经常修剪指甲，指甲的长度不应超过手指指尖。并且注意正确挑选指甲油的颜色，如果是职业女性，不要用太艳丽的指甲油。如果穿露出脚趾的鞋，又没有穿袜子，就一定要给脚指甲也涂上指甲油。

如果你想让自己的形象更完美，不妨为自己的指甲美美容。

美丽的二十几岁女孩从来不会不修边幅

衣着打扮犹如一首美丽的乐曲，悦人的仪表也是与人沟通的一种艺术。任何一个二十来岁的女孩，都需要用心去塑造明确而有特色的形象，这样的形象既符合身份又能左右他人的感觉，与人交往、办起事儿来自然会感到游刃有余。

同时，我们都知道“爱美之心，人皆有之”的道理，“女为悦己者容”，任何一个男人，都对那些打扮精致的女人更倾心。从这个角度说，女孩们，若是希望获得男性的青睐，也应该注重自己的服饰妆容，做个赏心悦目的女孩。

话“礼”话外

陈先生是北方一所大学的博士研究生。一年前，他通过相亲，结识了李小姐，两人迅速坠入爱河。以前的他很享受恋爱生活，在学校苦战了一天后，便迫不及待地等下班，想和女友一起约会、看电影。

然而，就在下半年，他很快发现，当初那个他曾经认为是美女的女友不见了。以前追她的时候，她每天都会衣着光鲜与自己约会，而现在的女友已经不修边幅。他说他们的小家像个狗窝，摸到哪儿都是灰，走到哪儿都是满眼的脏。女友的衣服从来都是塞进柜子里的，穿起来永远都是皱皱巴巴的。如果她 8：30 上班，那一定是 8：10 才起床，然后从衣柜里随手抓起一件衣服穿上，冲向洗手间胡乱整理一下，套上昨天穿过的脏鞋，便匆匆出门。下班后也不思量做什么菜，永远都是只会做西红柿炒鸡蛋、胡萝卜炒肉和清蒸鱼。陈先生还试图提醒女朋友，我们已不是单身男女了，要考虑怎样过好小日子，并建议她改变一下自己的生活习惯，她听后不是和陈先生红脸就是做不搭理状。

故事中，我们发现，陈先生最为不满的就是女友恋爱前后的变化，可以说，这也道出了很多男人的心声。可以说，任何一个男人，都希望自己的爱人每天都能赏心悦目。

有“礼”有面

不得不说，人们往往通过着装等外在形象来判断一个人是否成熟可靠。服饰反映了一个人文化素质的高低，审美情趣的雅俗。穿着得体，修饰自然，就会令人舒适，赏心悦目。外表的端庄，是对别人尊重的态度，也是爱护自己，增强自信的表现。没有谁愿意看你蓬头垢面、衣冠不整的样子。对于二十来岁的女孩来说，你也要尽量穿得得体适宜，要知道，一个不修边幅的女孩，是毫无美感可言的。

聪明的女孩通过着装展示自己独特的个性

俗话说：三分画七分裱，人靠衣着马靠鞍。生活中，那些二十来岁的女孩大部分有购物、打扮自己的习惯，但并不是所有的女孩都懂得服装礼仪。当然，这并不意味着每个女孩穿着上都必须遵循一定的原则。相反，与人交往中，如果你希望抓住他人的眼球，你就应该穿出自己的风格。可能你已经习惯了穿那些暗色调的衣服，比如灰、黑、白，那么，为了吸引他人的注意，你不妨转换一下穿衣风格，多穿一些颜色鲜艳的衣服，如果你觉得不习惯，大可以再戴些配饰，比如一条鲜艳颜色的丝巾。或者一个别致的胸针、一副手工制作的风格独特的耳环等，这样，你会觉得舒服很多。

话“礼”话外

花花是个很追求个性的女孩，正和她的名字一样，她喜欢特立独行，尤其在穿着上。自上大学开始，她就成为很多女同学在打扮上追捧的对象。为此，毕业后，她对于那些要求穿工装的企业都不考虑，因为她实在忍受不了每天穿着毫无个性的工装。于是，她选择了现在这家民营企业，虽然工资不高，但可以每天穿着自己喜欢的衣服上班，花花很高兴。

自从花花来上班以后，办公室里发生了很明显的变化。花花的身材很高挑，她喜欢民族风格的打扮，再加上一头飘逸的长发，显得潇洒不羁，特别吸引眼球。上班第一天，花花穿了一身长裙，胸前的裹紧、下摆的抽紧，让上衣顿时充满了立体感觉。甩口的夸张长裤，让人无从分辨到底是裙还是裤。流畅大气的线条、神秘抽象的图案，这些夸张而富有特点的装扮，让花花看上去像一个风情万种的吉卜赛女郎。再加上暗金属感的鱼骨鞋，更是营造出了一个时髦的吉卜赛女郎形象。当花花游走在办公室里的时候，同事们看她的眼光就像看到一条热带鱼游弋在办公室里，不由得让人们怀疑自己到底是在办公室，还是在热带海洋的海岸。第二天，花花更是像变了一个人似的，她的上身穿着一件特别松垮的白色衬衫，但是领子却是极具个性的立领，腿上穿了一条黑色带暗红色格子的紧身裤，脚上穿了一双黑色的盖过脚踝的罗马凉鞋。这身装扮与第一天的风格截然不同，强烈冲击着同事们的视觉神经。

上班第三天，老板已经在100多名员工中记住花花的名字了。周一开例会的时候，老板指名让花花负责一个策划文案，还说看着花花的气质和风格，一定充满了灵感。而在平时，一个新进员工，至少要用3个月的时间才能让老板记住自己。

不难看出，花花之所以能够让老板只用了3天时间就记住了自己的名字，就是因为她特立独行的着装风格。很多时候，办公室的环境总是显得有些沉闷和压抑，而如果你能用一抹亮色妆点办公室，就会给人耳目一新的感觉，从而使人牢牢地记住你。这样一来，就像花花一样，你就能够尽快得到更多的工作机会，甚至还有幸让老板亲自点将。

有“礼”有面

毫无疑问，爱美是人类的天性，不管是男人还是女人，都喜欢欣赏美的东西。尤其是那些年轻的女孩更喜欢打扮自己，因此，人际交往中，如果你能穿出自己的风格，就能吸引住他人的眼球。

不过，在妆饰自己的时候需要注意一点，即要穿出自己的风格和气质，而不要盲目地跟随潮流，媚俗。其实，每个人都有自己的性格特征，同样的道理，我们在穿衣服方面，也要形成自己独特的风格，这样才能得到别人的欣赏和认可。

因此，着装一定要符合自己的个性，穿出自己的风格。因为只有穿出自己的风格，别人才会对你过目不忘。

总体来说，穿着的风格不外乎以下几种，诸如时尚型、保守型、名牌型、平民型、青春靓丽型、运动动感型之类。

时尚型的着装一般紧跟时代的潮流，什么流行穿什么。

保守型的相对来说，更愿意坚持自己的穿着风格而对时尚充耳不闻。

名牌型顾名思义就是喜欢穿名牌的衣服，总是看上去一身名牌。

平民型着装风格的人坚持的是“只买对的，不买贵的”的宗旨，穿着服饰的时候以舒适为主。

青春靓丽型着装风格是少男少女的首选，他们在穿着上多半选择颜色鲜亮、充满朝气的服饰。

运动动感型往往喜欢穿运动休闲的款式，看上去比较轻松随意。不过，这只是着装的大概倾向，其中每个类型又分为很多种类。女孩们，你不应该生搬硬套地迎合某一种类型的要求，而应该在充分了解自己的基础上，找到最适合自己的着装风格，与自己的风格气质相匹配。只有这样，才能在服饰的衬托下使自己显得更加完美，给人留下深刻的印象。

二十几岁女孩要懂得不同场合不同穿衣

相信大部分女孩都知道第一印象在人际交往中的重要性。心理学家认为，由于第一印象主要是性别、年龄、衣着、姿势、面部表情等“外部特征”。虽然我们都知道以貌取人可能带来某种判断上的失误，但我们不能不否认，一个人若想给人留下良好的第一印象，就必须注重自己的衣着打扮，并且要懂得看场合穿衣。我们先来看下面的故事。

话“礼”话外

某形象设计师有几次在途中快速变更装扮的经验。她在担任某著名化妆品集团经理时，有次从广州到南京参加美容盛会，而当天一到南京若不立刻赶到会场是会迟到的。但在飞机上总不能着盛装，引人侧目啊！她只好在离开广州时，于箱内放置长裙等宴会服。飞机于目的地机场降落后，她已没有时间先抵酒店，就在机场洗手间的化妆室内更衣。“首先我把长裤更换为长裙，然后再戴上饰品、补上浓妆，终于在最短的时间内完成赴宴的打扮。这一经验告诉我，只要有一些勇气和责任心，则不管多短的时间都可以完成更换服饰打扮这件事。”

有“礼”有面

在机场的化妆室内更衣，听起来是件不可思议的事！但这位形象设计师却能完美地做到。这位形象设计师的经历告诉生活中的所有女孩，在不同的场合，要有不同的穿戴。如果你不谙此道，不太注重，很可能因此而吃亏。那么，具体来说，我们该怎么做呢？

1. 根据出入的场合穿衣

作为女性，我们可以这样更换自己的服装：出席朋友宴会时，可以穿庄重的长裙；约会时可以穿青春活泼的短裙配外套；出门旅游或上街购物可以穿干净整洁看上去精神利落的牛仔服；晴天穿粉红色的毛衣，阴天则穿浅绿色的女式西服……这样，你可以每天都把自己打扮得明快靓丽，无论是上班还是走在大街上，你都会是人们心目中一道美丽的风景。

而在正式场合，女士着装，不要过于杂乱、过于暴露、过于透视、过于短小、过于紧身。无论服装还是化妆，都不要将最前卫的状态表现出来，要打扮得恰到好处而不失韵味。人们接受时髦是需要过程的。如果去办事，头顶着蓝色的头发，脚穿超高跟的鞋，多少会让人有些接受不了。衣着打扮需要有个度，以下几点“禁忌”尤其要注意。

第一，禁穿黑色皮裙。在商务场合，不能穿着黑色皮裙，否则会让人啼笑皆非。因为在外国，只有街头女郎才如此装扮。所以，尤其与外国人会谈时，绝不能穿黑色皮裙。

第二，禁光脚。正式场合穿裙装，尤其是穿套裙不穿袜子，有可能让人误解。

第三，禁“三截腿”。穿半截裙子时，不要穿半截的丝袜，容易导致裙子一截、袜子一截、腿肚子一截，这会使你的形象大打折扣。

2. 看体形，穿适合自己的衣服

不少女孩认为，只要是美丽的衣服就适合自己，实际上并不是如此。我们要根据自己的体形选择服装，还要适当掩盖自己的缺陷。

一些会穿衣的女孩，她们在外表上并不胜于他人，但只要我们稍微定神就发现，她们身上会散发出一种语不惊人的美，这种美是由内及外的，更多的是体现在穿戴上，她们总是能引来别人更多的关注，她们更容易成为社交场合的焦点。

鞋子与包包最能体现女孩的品位

曾经有人说，女人天生是购物狂，尤其爱买鞋子和包包。的确，相信生活中的大部分年轻女孩，都无法拒绝来自鞋子和包包的诱惑。然而，如何选择鞋子和包包，却体现了你的品位。

话“礼”话外

从大学毕业以来，陈静就一直在这家小公司做销售。虽然自己的业绩一直不错，但陈静一直认为自己可以有更好的发展，于是，她经常抱着骑驴找马的心态，在工作的同时，还给其他大公司投简历。终于，她投出的简历有了回应，这不，一家跨国大公司的人力资源部门给她打了电话，让她第二天去面试。为此，陈静很激动，虽然不一定能被这家公司聘用，但她还是觉得要努力一试。于是，当天她就去理发店做了头发，还去商场为自己选购了一条职业套装，这身行头花了陈静两个月的工资，让陈静心疼不已，不过也还是觉得很值得。当然，她也没有忘记换上自己认为最好的一双高跟鞋。

第二天一大早，陈静就来到了这家公司，她是有实力的，3 年来的工作经验早已将她磨炼成一个能说会道的人，于是，她过五关斩六将从 100 多人中脱颖而出，和剩下的 3 个人一起进入最终一轮的面试。这次是小组面试，即 4 个人一起参加董事长主持的面试，完成一个董事长提出来的销售策划方案。在面试的过程中，陈静的表现很优秀，令其他几个面试者压力很大。不过，他们最终通过彼此配合完成了这个策划方案。面试结束后，这4个人坐在会议室里等通知，董事长在和几个面试官沟通。在等待的过程中，几个应试者不由得聊了起来。大家都觉得陈静肯定能够成功应聘，因为陈静无疑是他们之中最优秀的。而坐在这几个人中间，陈静则暗自庆幸自己花了两个月的工资买了一身好行头，因为其余的3个人全是西装革履。一个小时过后，董事长助理出来宣布了最终的结果。结果大大出乎大家的意料，陈静并没有竞聘成功，董事长选择了另外一个男士。

陈静当然很苦恼，但她更纳闷董事长为什么没有选择自己，因为明眼人都能看出来陈静无疑是其中最优秀的。为此，陈静好奇地找一个面试官询问原因。面试官很惋惜地说："其实，你各个方面都非常符合我们的要求，但是，您在仪表方面略有欠缺。要知道，我们是跨国公司，需要打交道的都是高级商务人士，每个员工都代表了我们公司的形象，所以董事长还是选择了仪表方面比您好的那个应聘者。"听到这里，陈静更不明白了，她说："可是，我已经非常重视形象了啊，您看，我身上穿的套装是特意去商场买的，花了我两个月的工资呢！"面试官笑着说："我知道您的衣服是刚买的，因为您忘记把袖口的商标拆下来了。不过，我个人认为，您如果能够给这身高档套装再配一双好的高跟鞋，那就更好了。要知道，鞋子才能彰显一个女人的品位。"

在这个事例中，准备充分的陈静为什么没有获得应聘的成功呢？问题还是出在了鞋子上，从面试官的话中我们可以看出，即使陈静穿了一身新西装，但却没有一双新高跟鞋与之匹配。

有"礼"有面

通常来说，女人对鞋子都有一种偏爱，女人们看到自己喜欢的鞋子，很多时候，即使价格再昂贵，也会买下来。当然，彰显女人品位的，除了鞋子，还有包包。为此，生活中的年轻女孩们，在穿鞋与包包的选择，你需要明白的是以下几点。

1. 会选鞋、会穿鞋

建议选用鞋跟高 3 ~ 4 厘米的正装鞋，颜色以中性色为宜，尤其是黑色，黑色宜于和中性色调或更多色调的衣服搭配，包容性较强。

当然，黑色并不能配所有的服饰，浅色调衣服搭配黑鞋会显得过于沉重，这时你可选用有黑色部分的衣服来呼应，或是配一些黑色的帽子、围巾、项链之类的饰品。除了特意搭配某些衣服的鞋子需要特别的颜色，大体上你只需要 3 种颜色，就可以搞定全年的搭配，即黑色、驼色、红色。黑色是最实用的色彩，为脚下奠定了一片稳稳江山。最必备鞋款当然是一双春夏的黑色高跟凉鞋。驼色是最基本的色彩，但它同时也是很摩登的颜色。而且，驼色在秋冬和春夏都有不俗的表现，根据不同的搭配也可以塑造出或摩登或干练或文静的气质，可以自由穿梭于不同的场合。当然，不要选择鞋跟超过 5 厘米的鞋子，那会损害身体健康。

2. 选择合适的包包

对于女性来说，包也是服饰搭配中很重要的配角，往往起到举足轻重的作用。包是一个人风格的宣言书，要想找到一个女人的风格和价值取向，只要观察她所用的包就可以了。一个另类的女人包肯定是与众不同、标新立异的；一个严谨的女人包肯定是中规中矩的；一个随意的女人包肯定是松松垮垮的，有很大的容量，既方便又实用。

品位着装与普通着装在策略上有一个重要区别，即让服装因为包和鞋而变得更完整和完美，通俗地说，也就是说没有品位的人不懂得让鞋和包对着装起到画龙点睛的作用，而是毫不相干，或者喧宾夺主，但是，有品位的人则懂得让鞋和包唱好配角，将整体着装烘托得更加完美。

总而言之，任何一个年轻女孩，不管在着装上走什么风格，都不要将鞋与包和服装分开考虑，而应用心地让自己的包和鞋与服装搭配起来。

选准色彩，给自己一点“颜色”

每个人都有自己与众不同的色彩，尤其是爱美的女人，它包括肤色、发色、形体和气质等诸多要素。恰当地运用这些色彩，能够充分展示你的魅力，让你更加美丽迷人，反之，就变得庸俗。活得精致，懂得优雅的女人能够巧妙地利用色彩为自己形象加分，这也是女人一生都在研究的课题。

话“礼”话外

张蕴晚上要出席一个重要的酒会，由于对服装的色彩没有什么概念，她选了一件色彩明亮的橙黄色晚礼服，又配了一条五彩的围巾，自我感觉很不错的张蕴匆匆去赴宴。宴会上，朋友们都问她是不是身体不舒服，脸色为什么不好。原来，张蕴本来的皮肤就有些发黄，再配上黄色的礼服，就显得无精打采，并且那条围巾也成了朋友们取乐的话题，张蕴感到非常尴尬，后悔自己没请人帮忙选择色彩合适的衣服，更不用说谈商务话题了，只会让人怀疑她在工作中的专业性，没等酒会结束，张蕴就离开了。

有“礼”有面

在服装颜色的搭配上，一定也要特别注意。因为色彩在人的知觉中是最敏感的。随着服装文化和人类审美文化的不断发展，各种色彩被赋予了不同的含义。在礼仪方面，人们对色彩也有了共识，并不断传承和发展。在选择服装色彩和进行服装搭配时，一定要根据这种共识标准去选择，只有这样，才会取得意想不到的结果。

不同的色彩有不同的象征意义。

红色：象征兴奋、热情、快乐。在感觉上给人以十分强烈的刺激作用，显示着浪漫、活泼与热烈。因此，红色的服装更显朝气和青春活力。

黄色：象征华贵、明快。但它是一种过渡色，能使兴奋的人更兴奋，活跃的人更活跃，同时也能使焦虑和抑郁的情绪更糟糕。

蓝色：象征宁静、智慧和深远。是一种比较柔和的颜色，它能使人联想到天空和海洋，给人以高远、深邃的感觉。

橙色：象征活力与温暖。是一种明快、富丽的色彩，能引起人的兴奋与欲求，使人联想到阳光。

绿色：象征生命与和平。是一种清爽宁静的色彩，能使人想到青春、活力与朝气。所以，着绿色装显得年轻和富有朝气。

黑色：既可象征深刻、沉着、庄重与高雅，也可以代表哀伤、恐怖、黯淡，是一种庄重、肃穆的色彩。它能使人们产生凝重、威严、阴森等不同感觉。

紫色：象征高贵和财富，给人以富丽堂皇、高雅脱俗的感觉，是一种华贵、充盈的色彩。

白色：象征纯洁、高尚、坦荡。是一种纯净、祥和、朴实的色彩，给人以明快、无华的感觉。

灰色：象征朴实、庄重、大方和可靠。是一种柔弱、平和的色彩，给人以平易、脱俗、大方的感觉。

小测一下

从买衣服看看你的判断力

如果你意外地拿到1000元奖金，想去买一件很需要的大衣，但是钱不够；如果去买一双不急需要的运动鞋，则又多了数百元，你会怎么做？

A. 自己添些钱把大衣买回来

B. 买完运动鞋再去买些其他的小东西

C. 什么都不买先存起来

心理透析：

选A：买大衣的你决断力还算不错，虽然有时也会三心二意、犹豫徘徊，可是总是在重要关头做出决定，比起普通人来说已经算是杰出的了！你最大的特色是做了决定不再反悔。

选B：买运动鞋的你是拿不定主意的人，做事没主见，处处要求别人给你意见，你很少自己做判断，因为个性上你有些自卑，不能肯定自己，你这种人一定曾经受过某些心理伤害，或者周遭的人物太优秀了，因此造成你老是有不如人的感觉。

选C：什么都不买的你是判断力超级强的人，不客气地说，你甚至有点莽撞，就是因为你冲动率直的个性，反而考虑不够周详，你常常后悔自己匆匆做决定，忽略了其他事情。

第 12 章

美“礼”动人：二十几岁女人必懂的举止礼仪

老话说：站要有站相，坐要有坐相。但事实上，优雅对于女性的要求不止于此，想做到时刻优雅，你就必须随时注意自己的一颦一笑、一举一动，要让自己的举手投足透出一股大家闺秀般的风范，这才称得上是一个知书达礼而又美丽的女人。

二十几岁女人要随时随地注意自己的举止礼仪

显而易见，那些仪态大方、举止得体优雅、充满涵养的女孩更容易得到人们的喜爱和赞赏。当然，每个女孩都希望自己能受到欢迎，生活工作中的不少年轻女孩尽管能言善辩，却不时地做出一些不雅观的“小动作”，令其形象大打折扣。女孩们，为让自己受到别人的欢迎，表现自己的修养，应该时时刻刻注意自己的形象，随时保持端庄。

话“礼”话外

刘小墨是某大型化妆品公司的业务主管，领导派她代表高层与某大客户签约。

再见客户之前，刘小墨还是和平常一样，化了精致的妆，好好地打扮了一下。来到相约的地点，客户还没到，一向大大咧咧的小墨随手拿出化妆包，对着镜子补妆，闲得无聊，戴上耳机听自己喜爱的摇滚乐，还跷起了二郎腿。没想到客户一会儿就来了，她还是没有察觉，客户看见无比惬意的小墨，当场就气得离开了。大客户出了门就给小墨的公司打电话，气愤地说：“你们怎么会派这么没有教养的小丫头当主管呢，签约的事我需要慎重考虑！”

事情到这个地步，刘小墨悔不当初，但已于事无补。

故事中的刘小墨之所以会失去签约的机会，让公司产生损失，是因为她在签约地点不合时宜的表现：跷个二郎腿、剪指甲、听歌等。表面上看，这些对年轻人来说，并不为过，但从对方角度考虑，这样的表现未免显得有失礼仪。相反，如果她在客户到达签约地点前能端坐于谈判桌前，表现得温文尔雅、含蓄恬静、自然庄重的话，估计就不会出现这种情况。

一个二十几岁的女孩，青春靓丽的容颜固然是一道美丽的风景，但真正给人带来审美愉悦感的是她的修养，一个修养好的女孩无论是举手还是投足，都会从礼仪出发，让人赏心悦目。

有"礼"有面

俗话说："坐有坐相，站有站相。"任何一个端庄的女孩，无论在什么场合，都会注重自己的仪态，都会将手脚放到位。事实上，手脚的摆放是礼仪学习方法中最为重要的内容，毕竟我们每个人的肢体动作大部分都是由手脚构成的。

生活中，一些大大咧咧的女孩在与人打交道的时候总是小动作不断、坐立不安，这样便显得有失礼仪，也很难给人一种优雅感。

因此，每个二十来岁的女孩，都要时刻做到优雅、端庄，展现自己的淑女风范，比如，如果你要参加饭局，那么，就座时身体要端正，手肘不要放在桌面上，不可

跷足，与餐桌的距离以便于使用餐具为佳。餐台上已摆好的餐具不要随意摆弄。将餐巾对折轻轻放在膝上。相反，如果你好动，那么，一定不要把这些不好的行为习惯带到餐桌上，否则很可能你会洋相尽出，甚至坏了大事。

二十几岁女人的优雅，来自娴雅的坐姿

大家都知道，一个人坐着的时候比站着的时候要多。那么，对于女孩来讲，坐姿就是影响其形体美的一种重要因素。优雅的坐姿能展现一种优雅的气质。反之，坐姿不雅，会给别人留下不好的印象，事实上，在我们周围，不少女性都没有掌握正确的坐姿要领，也犯了不少坐姿错误。我们先来看下面的故事。

话“礼”话外

我已经25岁了，说实话，并不觉得自己年纪大，但是周围不少跟我差不多大的女孩都结婚了，于是，我也准备加入相亲的大潮中，因为我并不排斥这种结交异性的方式，也许真的能认识一个和自己很合适的人呢。在我相亲经历中，有一位男士给我的印象很深刻，因为我们之间闹了一点误会。

那天，天下着雨，我比预约时间早到了20分钟，于是，我就选了咖啡厅靠窗的位置坐了下来，我在想，既然都下雨了，那人应该不会来了吧。但事实上，他居然踩着点来了，并且，很有礼貌地跟我打了招呼。他给我的第一印象非常不错，这样一个彬彬有礼的男士相信谁也不会讨厌。

但是在整个谈话的过程中，我不知道发生了什么，他好像不怎么说话，

我开始主动地找话题，但是他却依然表现得很冷漠，我也不笨，知道对方没看上我，也就不再说什么了。

后来，和那个中间人联系的时候，我才了解到事情的真相。相亲结束后，那位男士告诉她，我那天坐在咖啡厅的座椅上是跷着二郎腿的，而且还不停地抖动自己的脚尖，知道事情的原委后，我羞愧难当，都是自己平时不注意坐姿惹的祸。

有“礼”有面

想必在我们的生活中，和故事中的女主人公一样，不少女孩也因为礼仪知识的缺乏而闹出过笑话或者尴尬的事。

那么，可能不少年轻女孩会问，正确的坐姿应该是怎样的呢?

在与客人交谈时，不妨朝椅内坐得深一点，并保持背部直立，腹部自然收紧，膝盖并拢，这是女性标准的坐姿，会使你看上去优雅且又从容。相反，如果你坐得很浅，看上去就会显得较为拘束，切需要以脚用力着地来平衡身体，这种坐姿会使你的背部微驼，下颚前倾，毫无形态美可言。

很多女性也有跷二郎腿的习惯，这在社交场合被认为是很不礼貌的。如果实在是难以改掉这个习惯，那么一定要注意姿势，我们可以这样——收拢裙口，遮掩到直至膝盖以下部分；支撑的脚不要倾斜，双腿内侧靠近，大腿外侧收紧；双手自然搭在腿上——这种坐姿或许看着还算可以。

到别人家做客，不要径直斜靠在椅背上，或是陷靠在沙发中。前者会让人觉得你很随便或是傲慢无礼，或者会让人觉得你消极懒散，缺乏生气。

与朋友同坐一张沙发时，叠腿的姿势应保持一致性，标准的坐姿是双腿并拢略略向朋友一方倾斜，略微侧身，这样会让你看上去更加亲切、端庄。

中国素来是礼仪之邦。作为一个二十来岁的女孩，注重自己举手投足的姿态，在日常生活中的各种场合，注意使用规范的、得体的、稳重的行事规范，才能逐渐改正大大咧咧的不良作风，从而尽显女人的优雅形象。

二十几岁女人好气质，从轻盈的步态开始

我们都知道，在人们的日常生活里，确实存在着另一种语言，这就是无声的体态语。体态语与空间语，对于注重形象的女性来讲，显得十分重要。如果我们把一个人出现频率很高的形体动作“筛选”出来，那么，这些具有连续性与稳定性的动作，就在一定程度上反映了这个人的风度。对于二十来岁的女孩来说，要想做到仪态万千，就要先从自己的形体上努力。除了站姿和坐姿外，你还需要学习的是正确的行姿。

话“礼”话外

王莹，某大学外语系的学生，无论是身材，还是样貌，都称得上是绝对的美女。她从小就有当模特的梦想，大学毕业后，参加了华北区的模特大赛，无论样貌、身材，还是才艺比拼，她都略胜一筹，但在走T台的时候，她却落选了。评委告诉她，她的走路姿势不好看，就是因为这个原因王莹无缘决赛。也许我们平时并不注重走路的姿态，但在关键场合它却在无形中影响着你。

有“礼”有面

不得不承认的是，良好的走路姿态可以体现一个人的修养。良好的步态，应该是自如、矫健、敏捷的。由于男女性别、性格的差别，女性的步伐要注意阴柔美，一般以碎步为佳，步子轻一些，显得轻盈、柔和。行走时都要注意昂首、挺胸、收腹、眼平视、肩要正、身要直、双肩自然下垂，

两臂前后摆动自如协调。

现代礼仪对女性的正确行姿的要求是：“走如风”，挺胸收腹，目光平视，两手自然下垂，前后摆动，并前摆向里约35度，后摆向外约45度，脚尖直指正前方，身体平稳，两肩不要左右晃动，要款款轻盈显出阴柔之美，切忌八字步。

可见，良好的步态，应该是自如、轻盈、矫健、敏捷。那么，我们怎样才能走出女性的风采呢？

1. 要领

（1）以腰部为中心，以腰带脚，移动重心。

（2）挺胸抬头，双目平视，下颌略向内缩，面含微笑。

（3）膝盖平直、脚跟自然抬起、两膝互相碰触。

（4）保持良好地节奏，肩膀放松，手指自然并拢。

2. 方式

女性行走的姿势极为重要，会直接影响形象的美丑。一般来说，我们在行走时应该注意：

（1）迈步时脚尖应向着正前方，脚跟先落地，脚掌紧跟落地。

（2）走路时应挺胸收腹，两臂自然摆动，节奏快慢适中，给人一种从容不迫的动态美。

（3）步度合适。即行走时两脚之间的距离要合适，其一般标准为脚踢出落地后，脚跟离另一只脚脚尖的距离恰好等于自己的脚长。

（4）步韵优美。女性走路时，膝盖和脚腕都要富有弹性，两肩自然、轻松摆动，使自己走在一定的韵律中，这样才会显得自然而又优美。

3. 禁忌

（1）最忌内外八字步。

（2）忌头颈前躬、左顾右盼、弯腰驼背、斜肩晃臀。

（3）忌一边走路一边对人指指点点。

（4）忌双臂左右摇摆。

（5）忌跨步过大，最大步幅不应超过脚长的1.6倍。

以上这些禁忌动作既会令我们优雅尽失，又失礼数。所以说，如果你还想做一个优雅美丽的女人，平时就一定要有所注意。

站姿优美的女孩，尽显亭亭玉立的美

生活中，人们常常说的站如松，指的就是要像松树一般挺拔，这是一种静态美。二十几岁的女孩，掌握正确的站姿要领，以健美的站姿出现在别人眼前，能给人一种挺拔笔直、舒展大方、精力充沛、积极向上的良好印象。

话“礼”话外

对于所有情侣来说，恋爱谈到一定阶段就要谈婚论嫁，就免不了要见家长，小杨与小米恋爱半年多了，小米决定正式见见小杨父母。小杨一直认为自己的女朋友是个可爱的姑娘，一定能让父母高兴。

这天，他们俩在酒店订了一桌酒席。

这天，小米很快到了酒店，她紧张不安地等待着小杨父母的到来。终于，这一家人姗姗而来了。

一番介绍后，小米便对小杨父母说：“叔叔阿姨，我听小杨说你们有一些忌口，就点了一些你们爱吃的菜，希望你们别嫌弃。”小米很紧张地说完了这句话。她留意了一下小杨母亲的表情，虽然对她笑了笑，但很明显，好像并不满意。

接下来的一顿饭，虽然小杨尽力从中斡旋，但小杨母亲似乎都不大高兴，两个小年轻都觉得莫名其妙。

饭后，小米给已经和父母一起离开的小杨发了条短信：“你帮我问问，我哪里做得不好？”

“放心，收到，包在我身上。”

回到家后，小杨母亲把包重重地摔在沙发上，不高兴地说：“这姑娘还说什么研究生毕业，这么没教养？”

“老伴，咋了，刚才吃饭的时候我就看到你脸色不对了，那女孩挺好的啊，怎么就没教养了？”

“你老花眼了吧，她站着的时候就一直在那儿抖腿你没看见？我看，她要是动作再大点，我还以为她有多动症呢。”

恐怕生活中，一些女孩也有这样的习惯：站立着与人说话时，会不自觉地抖腿，一些长辈可能会说“什么臭毛病！”可见，对于一个女孩来说，学习正确的站姿礼仪是何等重要。

有“礼”有面

对于女性来说，正确的站姿的特点是：端正、挺拔、舒展、俊美。具体来说，你需要做到的是以下几点。

不要叉开双腿，也不要放松四肢。

一般地说，站着的时候，一条腿用力多点，另一条腿用力小点，形成一种稳定。人们所说“站如钟，行如风”，就是说，站着的时候，重心的稳定，是性格坚定的体现。

站一定要挺，抬头挺胸收腹，一切要平，这是最起码的站姿，无论什么场合，在哪里，都要坚持这种站姿，逐渐形成一种习惯。你可以每天抽出半小时的时间锻炼自己，脚跟、臀部、两肩、后脑勺贴着墙，两手垂直下放，两腿并拢做立正姿势，天天如此，一定会形成这种习惯。

同时女孩在众人面前站着的时候，要懂得正确的手位。

若空着手与别人站着交谈时，可双手在体后交叉，右手放在左手上。

在问候长辈、朋友、同事的时候，可视情况选择握手或鞠躬，但是，双足都应当并立，相距约10厘米，膝盖要挺直。

当然，这些站姿是规范的，很容易产生僵硬化状态，肌肉不要太过紧张，可以适时地变换姿态。注意不要躬腰驼背、挺肚后仰，也不要东倒西歪地将身体倚在其他物体上，两手不要插在裤袋里或叉在腰间，也不要抱臂于胸前。

总之，站的姿势应该给人一种自然、得体、大方、优美的感觉。

二十几岁女人穿衣不要太露，要尽显朦胧感

炎炎夏季，从街头走过，在不经意间抬头低头，你都会看到有的女性肆无忌惮地穿着暴露地招摇过市，真的为她们感到汗颜啊！现代人为了所谓的美而不惜牺牲一切，殊不知，这些行为正为她们埋藏下了无数的祸根。

话“礼”话外

夏季来临了，王小姐换上了丝袜，在早上坐地铁时，赶到早高峰，人多很拥挤。在车中有一位20岁小伙一直盯着她看，之后一直试着靠近她，还做出一些不规矩的动作，吓得王小姐没到站就下地铁了。

有“礼”有面

夏季是性骚扰高发季节，发案高峰是6月至10月，而这期间尤以7月至9月即夏季发案最为突出。

1. 穿亦不可“短、透、露、紧”

穿着过分“短、透、露、紧”的女性，很容易吸引人们的注意力，也极易刺激那些品质恶劣或意志薄弱者产生非分之想，从而引起性冲动，导致性犯罪。

2. 追求“美”的同时，要合理穿着

在追求时尚和“美”的同时，注意在穿着、打扮的透明度和开放度上把握分寸，特别要注意时间、地点和场合。最好不要穿“短、透、露、紧”

的衣衫，避免表现得性感十足，以免刺激那些心术不正、意志薄弱的人。

3. 无论白天还是黑夜，住在底楼的女性，都要视情拉好相关窗帘，不在窗前穿衣或脱衣。

无论白天还是黑夜，不在户外睡眠；睡在室内时，要锁好房门关好窗。

总之，女性在夏季更应注意提高警惕性，时时刻刻注意保护好自己，慎防不良之徒的挑逗、骚扰和侵害。

二十几岁的女人要加强修养，举止勿轻浮

在交际场合，女人的举止做派是很引人注目的。男性往往通过女性的举止表情来判断她们的思想面貌、道德水准，进而决定对策，采取相应的交往行动。

话"礼"话外

某出版社新调来一位女编辑，人长得妩媚标致，称得上是秀色可餐的绝色女子。她高高的个子，五官雕刻得恰到好处，肌肤白皙，两颊如霞，30 岁的人了，还有少女般的亮丽和清纯。男性见了第一眼无不倒吸一口凉气：真漂亮！更可贵的是，她不仅有迷人的外表，而且气度不凡，谈吐高雅，举止端庄，温柔适度，有灼人的内在气质。这一点是一般漂亮女人所没有的。她的到来自然引人注目，不少多情男人向她发起攻势。有的请她吃饭，有的请她看电影，有的请她跳舞。可她是一个有夫之妇，保持自重态度，对这些邀请一概礼貌拒绝。她就是有意叫男性们知道，她是一个有修养有尊严的女人，而不是一个轻浮的女人。在交际场合，她能表现出聪明女人特有的聪明，和那些追求色相的男人保持一定的距离感，不冷不热，不卑不亢。但她却可以与一些品位高的男性一起十分亲切地谈论工作，研

究学问。经过一段时间相处人们发现一种奇特现象：当她在场的时候，男性们变得老实规矩文明了许多，而且做学问的空气也浓了。仔细想来，这与她的正派气质不无关系。她说："一个容貌太漂亮，感情又很丰富的女人，在男人世界里清白立足是十分难的，但只要把握好自己，做到叫男人赞叹，叫好，却不让他们有非分之想，这样才能在男人的世界里巧于周旋又不被欺侮。"这掷地有声的经验之谈，对于漂亮女性来说是不无启示的。

有"礼"有面

在公共场合，我们经常会看到一些举止轻浮，东依西靠，坐没有坐相，站没有站相的女性，她们就容易引起男性不健康的联想，甚至招致性骚扰。然而，还有一些更夸张的女性，她们衣着新潮，肌肤裸露，浓妆艳抹，走起路来，模仿西方女人，或舞台上时装模特儿的样子，扭腰甩脖，左顾右盼，手指间还夹着一支香烟，不断地吐着烟圈，向人们飞去媚眼。她们以为这样很美，然而，她们的这种行为是最容易对男性形成感官刺激的。还有的女人与男性相处时，不时搔首弄姿，说一些不咸不淡的话，甚至是内容轻佻的话，谈起性问题来她们满不在乎，也不脸红心跳。所有这些，如果是面对一些正派男性也许没有什么，只会令他们感到恶心，飞来轻视的目光，但绝不会动心，更不会伤害她们。可是，如果她们面对的是一些灵魂丑恶的男性，尤其是那些长期处于性饥饿状态的男人的话，情况就可能很不妙。如此举止不端，衣着裸露，谈吐粗俗，势必引得他们产生邪念，招致男性放肆起来，大着胆子，向她们进行骚扰。

当然，举止轻浮还有另一种情况，有些女人并非意识不好，而是她们过于单纯放任，或性格开朗，或缺乏教养，在待人接物上养成了不良举止习惯，不善把握分寸，过分随便。这在客观上也容易给人一种轻浮的感觉，造成误解，招致异性的骚扰。当然，如果举止端庄，注重自身修养，便能叫人由衷地敬重，这时女性不再是"花瓶"形象，男性也绝不敢把她们当成玩物对待，更不敢产生邪恶念头。

二十几岁的女人都应有意识地加强修养，提高自己的品位，使自己成为一个出色的女性。

小测一下

姿态礼仪自我练习

1. 头顶书，腿夹纸训练法。

这种训练方法是最为常见的训练站姿的一种方法。头顶书是为了使练习者在整体保持平衡的前提下，伸展脊柱，下沉肩膀从而展现出一种非常优雅的站立或者行进姿势。而腿夹纸的方法是为了使两膝盖保持直立，并严，在这个过程当中，身体也保持了挺直的状态。

训练要求：

（1）受训者要求先穿上不低于3厘米的高跟鞋，以帮助其挺胸收腹，保持基本的站姿站立，平视，肩部放平下沉，双手交叠于小腹上方。

（2）以基本姿势站立之后，头顶A4纸大小的书，在保证书本不掉落的同时，不能弓背，要直立脊背、收腹，保持内心平静，第一次训练15分钟就可以，以后根据训练的深入增加训练的难度和深度。

（3）在练习一段时间之后，身体基本上适应了这种训练强度，再在膝盖中间夹上一张16开的纸，训练时要求纸不掉落，整体协调。

两种训练方法结合在一起，勤加练习，必定能够塑造一个完美的仪态形象。

2. 耳坠训练法。

耳坠训练法是本书独创的一种行为训练方法，是对于古代的积极思想的一种传承和发扬，它相对于平常的“顶书训练法”有着“易于掌握”“便于实践”的特点，方便初学者随时随地进行自我训练。此种方法主要是通过控制耳坠的摆动幅度来调节受训者的整体形态。

训练要求：

（1）训练时要求女士佩戴长款耳坠（2厘米以上适宜），并以基本站姿在镜子的远端站立。

（2）在朝镜子行走的过程中保持头正身直、肩平、收腹的基本要求，在行进过程中观察耳坠的摆动幅度(约 <30°)。

（3）开始时可以借助“头顶书”来帮助大家掌握耳坠的摆动幅度，在熟练之后对镜练习行走。

（4）受训者可以在日常生活当中通过感觉耳坠的摆动幅度来调节自己行走的姿势。

3. 靠墙站立训练法。

这种方法也是很常见的一种训练方法，而且男女通用，简单易学。

训练要求：

受训者背靠墙站立，头部、肩部、腰部、膝盖、脚跟五点紧贴于墙，双手自然下垂贴于裤缝处。

此种方法也是为了使训练者拥有一个挺拔的身姿而设计的。希望各位能够坚持练习，自己体会，在训练时保持内心平静能够帮助大家更好地提升内在的气质。

第 13 章

"礼"聚一堂：二十几岁女人必懂的聚会礼仪

在中国，越来越多的女性朋友喜欢参加各种大型的社交活动，像聚会、舞会、婚礼等。在这些活动中，十分讲究礼仪。尤其是在大型的公共活动，礼仪就更显得重要。那么你知道在参加这样活动时要注意什么礼仪吗？下面整理一些常用的礼仪，希望能够帮到你。

二十几岁的女人聚会要彬彬有礼

聚会的主人应有男有女，以便照顾男女宾客。这种聚会形式虽然比较自由、轻松、随便，但它毕竟是一种重要的社交活动，因此，每个参加者仍应讲究必要的礼貌礼节。

话“礼”话外

文娜，是个农村姑娘，从没参加过隆重的宴会，她的朋友为了让她见见世面，就邀请她参加公司举办的自助宴会。自由的场合，各式各样的自助餐，让文娜大开眼界，她听说是随便吃，更是敞开肚子，来个大吃特吃。文娜怕浪费，又把没吃完的装进了塑料袋子，准备打包带走，没等出门口，就让餐厅的服务员拦下了，并说：“我们餐厅的食物是不允许打包带走的。”文娜只感到脸唰地红到了耳根。

有“礼”有面

女人在参加聚会时应注意以下礼仪环节。

1. 准时到场

这是对参加者的首要要求，准时到场也是对沙龙聚会主持者和其他参加者的尊重。

2. 注重仪表

衣冠如仪，虽不讲究名牌，但要穿着得体。参加不同类型的沙龙聚会，其着装也要与其相适应。

3. 登门有礼

参加室内社交聚会，应给主人携带鲜花或其他物质或精神礼品。

4. 言谈真诚

沙龙聚会是展示个人修养、广交朋友的重要社交形式。无论是参加讨论会、座谈会，言谈务必真诚，言之有物，实事求是，有的放矢，不可哗众取宠，故作惊人之语。

5. 善于倾听

要尊重别人的发言，不要轻易打断别人的谈话和任意插话。

总之，不论参加哪种类型的沙龙聚会，都应注意仪表，举止得体，谈吐文雅，谦虚礼让，诚实守信，宽容大度，给人一种彬彬有礼的印象。

宴会上，二十几岁女人要注意细节形象

现代女性的社交活动越来越频繁，为了表达谢意，或者别人请你吃饭，或者你请别人吃饭，宴会、聚餐成了常有的事。如果在宴会中不注意一些小细节、小忌讳，很容易因为某些礼节不到位而被人扣上一顶“没修养”的帽子。如果你想继续保持端庄优雅的举止，那么餐桌礼仪就显得尤为重要了。

话“礼”话外

李双，是某公司的公关部的职员，大大小小的饭局，也经历了一些。一次公司要宴请一个外国考察团，由于公关部经理临时有事外出，经理就让李双来办这件事，这个考察团有上百人，这下可愁坏了李双，于是他提前一周开始准备，设计方案、座次的安排等，但到宴会那天还是出了一个

小差错，把两个级别不同人的位置安排错了，因为宴会还没有开始，所以及时更正了，没有酿成不可挽回的错误。

宴请活动中的座次和每桌的席次安排都有严格的礼仪规范，尤其是宴会，分中式和西式两种排法。因而，要熟知这种桌席排次的礼仪，随时备用。

有“礼”有面

女人在宴会上应注意以下细节。

点菜时，主人一般会将菜单传给其他客人或女宾，千万不要因为是别人请客，就大点特点，做一个不识时务、不会体谅别人的女人。

在宴席上，忌中途逃宴；忌坐在异性中大侃特侃；忌频劝酒；忌对迟到的人罚酒过重。

用餐时，应该温文尔雅，从容大方，尽显女性的优美。口内有食物应避免讲话。取菜舀汤，应使用公筷公匙，不可用自己的餐具夹取菜肴，还要注意小口进食。好的吃相是“食物就口”，不可将“口就食物”。食物带汁，不能匆忙送入口，否则汤汁滴在桌布上就极为不雅了。不要在别人正在进餐的时候跟人说话或敬酒。

避免在餐桌上做一些不雅的事情，比如咳嗽、打喷嚏或放屁。

优雅女人——做彬彬有礼的舞会精灵

舞会是很多女性朋友爱参加的活动之一，在这里可以结交朋友，寻找志同道合的知己，还能陶冶性情，无疑也是展示魅力的平台。舞会上的基本礼仪，你了解多少呢？

话“礼”话外

张先生与女友一起参加一个舞会，跳过几曲之后，有一个熟识的朋友过来邀请张先生的女友跳一曲。张先生因为觉得这位朋友以前有意追求自己的女友，所以不悦，暗示女友不能去。但是女友没有听从，还是笑着赴约了。一曲终了，张先生等女友回来后，指责女友不应与那人跳舞。女友表示不能接受，张先生觉得不能忍受，大声斥责，终于在舞厅大吵，引得别人奇怪地看着他们两人，最后女友一个人离开了舞厅，张先生在众目睽睽之下也觉得颜面尽失。

参加舞会，一般不邀请有男伴的女士，但是因为是熟识的人，所以反而是邀请女士共舞更符合礼节，而男士应该大度，一方面是尊重对方，另一方面也是对女友的信任与尊重。

有“礼”有面

女人在舞会上应注意以下细节。

1. 女士的舞会着装

女士的舞会着装要视具体的舞会类型、规模而定。若是参加亲朋好友在家举办的小型聚会，女士应该选择便于跳舞的裙装，或穿旗袍也可以，再搭配相应的高跟皮鞋。若是应邀参加大型正规的舞会，请着正规礼服，或是按请帖的要求着装，要提前准备好。

2. 接受邀请彬彬有礼

当男士优雅地邀请你跳舞时，如果你同意，应该友好地点一下头表示接受邀请，千万不可表示傲慢的姿态，大损你的优雅。如果你已受其他男伴邀请或是想休息一下，应该委婉地拒绝对方。

3. 落落大方地邀请

如果你想邀请男士跳舞，只能邀请那些在一起跳过舞、彼此相知的男舞伴跳舞，而且男士千万不能拒绝，就算因为某些特殊原因不能应邀，也应当请求女士在他的桌旁坐下或者陪她去酒吧间，但无论如何也不能生硬拒绝。

邀请时偶尔也会产生误会。如果你邀请一位男士跳舞，而旁边的男士误以为你要请他跳舞，应该将错就错，不要直接声明：“我不是邀请你，而是邀请旁边的男士……”如果你有男伴，在邀请其他男伴跳舞的时候，要事先征得男伴的同意。

4. 适当交谈更具风度

跳舞时不跟对方交谈，完全沉醉在音乐里，虽说不失礼数，但却失了基本礼貌和风度，这种谈话一般应男士开口而不是女士。在饭店或舞场里邀请男士跳舞不必做自我介绍，如果连跳了好几轮，可以在第三轮或第四轮后做一下自我介绍，但不必介绍自己的名字。

舞会是一种常用的社交方式，具有娱乐的功能，还能结交很多朋友，在舞会中得体的表现会让你成为舞会闪亮的主角。

遵守观看礼仪，别让自己“演出”洋相

作为社会生活中的一分子，自己的一言一行都会影响到他人，尤其在一些公众场合观看演出是非常正式和高雅的活动，作为有高雅品位和注重形象的女性，一定要遵守观看礼仪。

话“礼”话外

王俊是某市级领导的翻译员，刚上任时还出了一个小笑话。一次，陪领导参加一个西式宴会，因为从没参加过这种场合，王俊显得十分拘束，事前知道吃西餐，还特意了解一下吃西餐的礼仪，但饭桌上大大小小的餐具，还是让她眼花缭乱无所适从。

有“礼”有面

以下总结的是观看演出的几点礼仪要求。

1. 着装要得体

观看演出一定不能着装暴露，更不能穿拖鞋和背心。衣冠不整者是被谢绝入场的。如果是看流行歌曲的演唱会，着装可以随便和休闲一点，如果是听音乐会和看歌剧，一般都要求穿着正装。在国外听古典音乐会的时候，女性都是穿晚礼服的，因为听音乐会是艺术的享受，中国的女性也应该对音乐会的着装加以重视。

2. 入场要讲究秩序

要准时入场，尽量提前一些，如果迟到的话，要听从场务人员安排安静入场或等候幕间入场。

3. 就座要正确

请柬或者演出票上如有座位号码，应对号入座。如无座次，到现场按本人身份地位了解座位分配情况，然后入座，勿贸然坐到贵宾席。女性入场后应脱帽，但是可带披肩或大衣入场。

4. 尊重演出者和其他观众

在观看演出时，应该保持安静，大声咳嗽、打哈欠或睡觉都是很不礼貌的行为。会场需要安静，观看者应及时关闭手机、电话等通信设备，不要与身边的人攀谈，大声说话，以免打扰到其他观众。演出场所禁止吸烟，更不能嗑瓜子、吃零食。

5. 观看要文明

严禁冲上舞台，未经许可，严禁录音、录像。在演出还没有结束时，不要鼓掌，也不要吹口哨，这样会影响表演者场上的发挥，等到节目结束了，才需要你热烈的掌声，以表示对表演者的赞赏和鼓励。

参加婚礼当伴娘，要甘愿做绿叶

一般来说，结婚是每一个人都要经历的人生大事。当然，有关结婚时的各种礼仪也是必须掌握的。参加婚礼当伴娘，就要掌握嫁娶方面的礼仪，这无疑会给新娘长脸面，还提升个人的社交魅力。

话“礼”话外

伴娘是保护新娘的人体盾牌，她与新娘穿着相仿，为了混淆视听，以防恶灵掳走新娘。伴娘可以说是一个婚礼工作组中的重要人物了。通常，新人会请一个女伴做伴娘，也有人请多位女友或姐妹，其中有一位是主伴娘，其他称之为“伴嫁”或“女傧相”。

有“礼”有面

女人在做伴娘时，一定要懂得以下礼仪。

1. 注意着装礼仪

一般，新娘会穿白色或淡米色的婚纱，敬酒时换上大红色的衣服，伴娘是时时刻刻陪伴在新娘身边的，为了不抢新娘风头，应避免和新娘“颜色撞衫”。

2. 做好伴娘的义务

作为伴娘，应不离新娘左右，随时陪伴新人。尤其当新娘在舞台上，伴娘必须在舞台一侧候场。另要关注新娘的形象和需要，比如帮新娘适当整理裙摆及头纱，必要时召唤化妆师帮忙等。

3. 场合上大方得体

伴娘作为新娘的陪伴角色，举手投足很重要，言辞要有度。遇到喜欢开玩笑的客人要戏弄你时，应答要得体，比如不妨可以说：“对不起，今天的主角是新娘。”切不可在喜庆热闹的场合，耍脾气，使性子，避免出现尴尬的情形。

严肃寄哀思：女人如何参加黑色葬礼

关于生老病死，自古以来，人们就有很多感慨，生命脆弱，但谁也无法阻挡死亡的到来，现实生活里，朝气蓬勃的女孩们，你可能也参加过葬礼，其实，面对最沉痛的时刻，你也要讲礼仪，你在葬礼上的言语、着装甚至一举一动都会让已逝之人的家属乃至其他人看在眼里，并对你的形象进行打分，试想，如果你一身艳丽服装出现在葬礼上，别人会作何感想，我们不妨先来看下面的故事。

话“礼”话外

老李是一个单亲爸爸，带着儿子生活，三年前，他的妻子去世了，葬礼那天，是他最悲痛的日子。但他依然记得在婚礼当天出现的一个人，那是妻子的同事。

老李的妻子是突发心脏病去世的，包括老李在内，她周围所有的人都觉得很突然，更多是悲痛。在妻子去世后的第二天，就举行了葬礼，为的是不想让自己太难过。亲朋好友包括妻子生前的同事都来了。谁知，在葬礼举行一半的时候，来了一个二十多岁的女孩，老李认得，这是妻子办公室新来的小姑娘，但令老李感到气愤的是，她居然穿一身玫红色连衣裙，还涂了口红。葬礼的服装要求，应该是常识吧。老李当时气不打一处来，直接对这个女孩说：“这里不欢迎你，请离开，好吗？”老李知道自己有点儿冲动，但确实无法抑制内心的不快。

这则故事中，老李为什么会有这样冲动的行为？正如他说的，在黑色葬礼上穿戴夸张就是对故人家属的一种心理刺激。

有“礼”有面

因此，生活中的所有女孩们，你也应该从这则故事中吸取教训，绝不能也做无知女孩。可能你会产生疑问，葬礼上有哪些礼仪要求呢？

1. 参加葬礼的服装要求

女性参加葬礼时应穿深色正式服装，切忌浓妆艳抹、戴装饰品以及穿颜色艳丽的衣服。

2. 葬礼致意的礼数

参加葬礼，吊唁逝者应符合礼数，行为恰当，就算过分悲伤，也不应该号啕大哭，更不应该露出笑容，那是对逝者极大的不敬。同逝者家属握手时，可以不说话，也可以低声说几句安慰的话，如“请节哀”“多保重”等。在葬礼进行时，要严肃，不可窃窃私语，东张西望。

总之，女孩们，关于葬礼礼仪，你要明白的是，葬礼会场是肃穆的，你应该注意自己的一言一行，说话压低声音，举止轻缓稳重，表现出自己的诚意和风度。

女性酒桌社交礼仪常识

中国是个饮食大国，餐桌是联系人际感情的重要场所。但无酒不成席，中国人喝酒，喝的不仅是酒，还是一种意境和文化。自古以来，素有“行酒令”之传统，到了现代，人们的祝酒习惯有增无减，这也是酒桌上的一个礼仪。

生活中的女孩们，可能你也遇到过这样的情况，有时为了迎接一个重要的客人，有时候为了庆祝一大笔生意的成交，或是为了祝贺某个有纪念意义的日子，或者是其他什么重要的聚餐场合，都需要发挥自己的角色职能，祝酒词的任务很可能责无旁贷地落到了你的身上，要记住，各种场面的祝酒词是不一样的，但不论什么场面，祝酒词的表达都要求你必须诚恳、热情洋溢、满怀激情，起到真正烘托气氛的目的。

话“礼”话外

以下是某公司年会上，一位女经理的讲话：

“亲爱的朋友们，此刻，我们欢聚一堂，都沉浸在欢乐之中，我无法表达我的心情。一年来，诸位为我们的企业做出了重大贡献，企业越办越红火，生意蒸蒸日上。今天我们共同举杯，就是为了庆祝我们共同努力的成绩，也感谢大家无畏的奉献精神。现在，我提议，诸位，为我们共同的事业和每个人的幸福干杯！”

这段话虽然简短，但却表明了宴请的由头，表达了自己内心的感受，为整个宴请起到了很好的开场作用。

有“礼”有面

酒桌上，作为女性，如果你会祝酒，往往能获得满堂彩，不失礼节又能让人刮目相看。而祝酒词带有很强的随机性和变化性，因此，祝酒也考验了你在应酬的时候的变通、见机行事的能力。当然，祝酒也并不是毫无章法、毫无规则的，你要根据不同的场合、时间、地点以及当时的喝酒氛围来祝酒。这门学问涉及方方面面。

1. 在餐会上

如果是私人宴会，则可以让男主人或女主人祝酒。

2. 没有祝酒司仪的场合

在某些仪式场合，通常会有一位祝酒司仪，如果没有，你很有可能需要致必要的祝酒词。而在不太正式的场合，可以在葡萄酒和香槟酒上来之后，就提议祝酒。你并不必要把酒杯里的酒喝干，每次喝一小口足矣。

3. 面对突如其来的“邀请”

酒桌上，一些人经常会在毫无准备的情况下，被推举出来提议祝酒。此时最好的解决办法就是说出你的感受。祝酒词从来用不着太长，可以表达你的敬意和祝愿等。当然，如果你想表现得更有风度，更有口才，你就会想增加一些回忆、赞美，以及相关的故事或笑话。

4. 当你根本不碰包括葡萄酒在内的各种酒精饮料时

很多女孩滴酒不沾，那么，当酒传递过来时，你当然可以谢绝，在祝酒时举起装着饮料的高脚杯。过去，除非是酒精饮料，否则不祝酒，但是今天各种饮料都可以用来祝酒，因为喝酒毕竟喝的只是氛围。但无论如何，你应该站起来，加入这项活动之中，至少不应该极端失礼地坐在座位上。

总之，作为出入社会的女孩来说，在餐桌上，会祝酒不仅体现了你才思敏捷，还是锻炼口才的好机会，更能让在座者在微醉或者微醒中与你达成共鸣！

小测一下

同学聚会测试你的人缘

你在自己的城市举办了一场同学聚会，老同学欢聚一堂。大家都穿戴整齐，但其中有个家伙穿着一身很随便的衣服，显得与大家格格不入，同学的这种打扮让你感觉浑身不自在，你会怎么对这位“不知礼数”的同学说呢？

A. 什么话都不说，只是尴尬地笑一下。

B. 在他背后贴个“酒干倘卖无”，小整他一下。

C. 今天的扮相很个性嘛！不错，有勇气！

D. 你不觉你的穿着很不适合这个盛会吗？

E. 委婉说出自己的感觉。

心理透析：

A. 你是一个不善人际关系的人，性格内向，行为保守，不太能给别人提供建设性意见，但是你的本性是非常善良的。

B. 你很容易和周围人“打”成一片，既指你很容易和别人熟悉起来，也指你很容易和别人真的打起来。不管怎样，你的开放行径是这个社会动力的源泉，值得提倡。

C. 你是一个说话很玄、喜欢搞神秘的人，但是人人都知道你在讽刺他，好比会咬人的小狗不会叫一样，幸好你擅于和颜悦色地说出自己的想法，颇有人缘。

D. 你是个大胆、直爽的人，敢怒敢言，总是做一马当先的“炮灰烈士”，你难有知己相随！

E. 你是真心对待的朋友，但是有点欠缺公平性。你始终不能和亲戚朋友以不拘小节的方式进行沟通，人际关系虽好，但不见得真实。

第 14 章

谈吐有度：二十几岁女人必懂的言谈礼仪

俗话说“东西可以多吃，但话不可以乱说”，但是在这个社会上，只要不是哑巴，就不可能不说话。然而，不是所有的话都可以说，也不是什么时候想说什么就可以说什么，而是有些话不能乱说。正所谓“良言一句三冬暖，恶语伤人六月寒”，二十几岁的女人就要懂得一些言谈礼仪。

二十几岁的女人要学点赞美的话

记得大文学家马克·吐温曾经说过："一句精彩的赞词可以代替我十天的口粮。"的确是这样，恰当的赞美在抬高别人的同时，也能够为自己聚拢人脉，古龙也说："夸赞别人，是种很奇怪的经验。你夸赞别人越多，就会发现自己受惠也越多。"事实上，那些成功的女人几乎都是这方面的能手，她们善于抓住不同人的不同特点，区别对待，巧嘴一张，就说得人满心欢畅。

话"礼"话外

有一位喜欢满世界旅游的姐妹就是这样，她无论走到哪个国家，都会立刻结识一大群朋友。一个年轻女孩向她询问其中的秘密，她说："我每到一个国家，就立刻着手学习这个国家的语言，并且只学一句，那就是'美极了'或者是'漂亮'，就因为我会用各种不同的语言表达这个意思，因此我的朋友遍天下。"

是的，"美极了"的确是一个绝妙的词，我们可以对任何一个人用上这个词，也可以用在一餐饭上，甚至一只猫、一只狗的身上。只要一个人的听觉没有失灵，当他听到这个词时，心情一定会快乐许多，不信，你可以试试。

有"礼"有面

我们应该知道，事实上一个人身上值得赞美的地方数不胜数，纵然是没有特别技艺和才能的人，他们性格上也有或多或少的优点，如豪爽、和蔼、细心、大方等。总之，凡是值得一赞的特征，我们都不妨去赞美一下。

记住，不要怕因赞美别人而降低自己的身价，相反，我们应当通过赞美表示你对人的真诚。有句话说得好：“给活着的人献上一朵玫瑰，要比给死人献上一个大花圈价值大得多。”言简意赅，相信大家都能明白。

然而，有些女性可能是太过清高又或自视甚高，平时对一切都显出不屑一顾的样子，好像这世间根本就不存在值得她们赞美的事物一般。说句不客气的话，这种人是缺乏真情实感、缺乏谦逊品德的。就算她们口中偶尔蹦出赞美之词，也会让人感觉甚为别扭，甚至会被人误认为是在讽刺。这不能不说是人生上的一种失败。

对于这些朋友，我们想奉上一句忠告：希望你能敞开心扉，去接纳身边的人和物，对他们报以真诚的微笑，给他们以真挚的欣赏，这样，你的世界就会焕发出别样的美好。可以预见，当你以真心去赞美别人时，便一如用火把照亮了他们的心田，同时，火把也会照亮你的心田，使你在这种真诚的赞美中感到愉快和满足，并推动你对所赞美事物的向往，引导自己向这方面前进。当你向朋友说“我最佩服你遇事能够坚决果断，我能像你这样就好了”时，你也会被朋友的美德所吸引，竭力使自己也能够坚强果断起来。还有一个点很重要，我们要是能够时常这样去赞美自己的丈夫，结果会怎样？那就等于取得了最可靠的婚姻保险。

事实上，生活中没有赞美是不可想象的。百老汇一位喜剧演员有一次做了个梦，自己在一个座无虚席的剧院，给成千上万的观众表演，然而，没有赢得一丝掌声。他后来说：“即使一个星期能赚上10万美元，这种无人喝彩的生活也如同下地狱一般。”我们当然不想做地狱中的女人，而我们若想得到别人的赞美，就要先学会赞美别人。经常赞美别人的女人，胸襟多半是开阔的，心境多半是快乐的，与人的关系多半是和谐的，而她个人的生活也多半是富有生命力的。

同时，赞美又能令被赞美者继续将自己的优点发扬下去。你赞美一个人的勇敢，就能使他加倍勇敢；你赞美一个人的勤劳，就能使他永不懈怠。多少人从热烈的掌声中，更加奋发；反之，多少人在责怪、谩骂声中消沉下去。既然我们的赞美有这么大的影响，那么，我们为何不用它去激励你所关心的人呢？

最后再提醒大家一次，人性总是喜赞扬而厌批评，抓住了人们的这一心理，什么事情就都好解决；满足了人们的这一心理，我们什么事情就都有可能办成。所以女人们，一定要用好我们的这张巧嘴。

要知道，懂赞美的女人最美。

别让嘴像刀子一样

有人说女人的嘴有的时候像刀子，说出来的话句句刺透人心。如果你有这种倾向，那一定要注意了。要知道，我们来到这个世界上是为了拥有更多的朋友，而不是为了给自己树立更多的敌人。我们想要自己在社交道路上走得顺利，就一定要记住口下留情，只有自己先把这份情留下来，才能消除别人对你的敌意，才会和别人相处得更加和谐。

话“礼”话外

有一个年轻的胖姑娘，即便吃了很多减肥药也不见效果，心里非常苦恼，也最害怕有人说她胖。有一天，她的同事小张对她说：“你究竟吃了什么呀，像吹气儿似的，才几天工夫，竟然又胖了一圈儿。”

胖姑娘立马怒不可遏：“我胖碍着你什么事了？不吃你的，也不喝你的，真是狗拿耗子，多管闲事！”

小张不禁闹了个大红脸。

在这里，小张分明知道对方的短处，却还要将话题往上赶，这当然就犯了对方的忌讳，典型的自找麻烦。因此，还是俗话说得好，“打人不打脸，骂人不揭短”。要想与别人友好相处，就要尽量体谅别人，维护他人的尊严，避开言语“雷区”，千万不可戳人痛处！

有“礼”有面

正所谓说者无意听者有心，要想今后不在社交的道路上跌跤，避免那些不必要的麻烦，我们就要学会从现在开始管好自己的嘴巴，切记口下留情。

雅致的女人往往能够管好自己的嘴巴，正所谓“言多语失”，有的时候少对别人进行一些指责，少在别人背后参与一些评论，往往就可以为自己赢得不错的口碑。就算有一天，你与别人发生了一些小的摩擦和矛盾，也千万不要轻易地将那些伤人的话从嘴里说出来，因为这样并不能解决什么问题，反倒是会加深彼此的仇恨。仔细想想，这又何必呢？老人们常说：“有话好好说。”我们女人也要学会处理生活中的矛盾冲突，什么时候都不要恶语相加，遇到问题，要采取宽容的态度，千万不能得理不饶人。大事化小，小事化了，才是解决问题的一种最高的人生境界，有些时候我们无须彼此相互抨击，有的时候我们应该选择适当的沉默，如果我们能在嘴上给彼此多留一些情面，那么这个世界上也许 80%的矛盾都会得到圆满的解决。

礼貌用语，展示女人品格的“橱窗”

现代社会，人际交往，我们强调要以礼相待。对于所有二十来岁的女孩来说，从孩提时代起，也许你就会接受师长们这样的教导：与人见面时不要不理睬，而要打招呼问好，如使用“您好”“您早”“早上好”“早”等问候语；对长者、尊者、上级应谦恭地问候；较熟的人要亲切地问候；不太熟的人可热情点头微笑打招呼……这就是人们常说的礼貌，经常说礼貌语，会给人一种彬彬有礼的感觉，我们也总是会对这样的人充满好感。因为通常情况，懂得礼貌的人也会同时具备其他很多品质，比如，真诚、修养好、谈吐优雅等。因此，女孩们，你绝不可忽视生活中的那几句礼貌话，以礼待人，把礼貌话说到位，才能让他人看到你的素质和修养，从而对你另眼看待。

话“礼”话外

小青就职于一家广告公司，负责创意方面的一些工作。最近，公司的创意小组组长即将晋升为创意部的部长，这个创意组长的位子就将空下来。为此，这些部下们纷纷走动起来了，希望他能提携一下。小青自然也不会落后，她认为自己在公司是年轻的新一代，曾经策划的几个创意都被公司高层表扬过，老组长对自己的工作也还是很肯定的。但小青感到奇怪的是，老组长不知道为什么，居然推荐比自己实力稍逊一筹的另外一位同事担任创意组组长。

这天，小青正准备向老组长问清原因，当她准备敲门进去的时候，听到老组长和公司的王主任对话。

“我觉得刘小青的工作能力挺好的，你怎么没推荐她呢？”王主任问。

“她的工作能力我的确是可以肯定，但你发现没，她在公司的人际关系并不怎么样，这主要在于她太自高自大了，打个比方，平时见到我，她都像没看到似的，从不打招呼。你再看看小张，他不管对谁都客客气气的，公司谁都喜欢和他交往，这个创意组组长，必须得服众啊，不然以后怎么带领大家工作啊。”

“这倒也是，现在的年轻女孩，很多都和刘小青一样，很不懂礼貌啊。”站在门外的小青听完后，懊悔地低下了头。

从这则故事中，我们发现，懂得礼貌用语是我们获得良好人际关系、求人办事成功的前提。

有“礼”有面

俗话说：“良言一句三冬暖，恶语伤人六月寒。”人际间相处是平常的事，也是一件微妙的事。一张笑脸带着一声问好能带给他人好心情；相反，一句粗话恶语却会破坏人们良好的情绪。坏的情绪和好的情绪都容易传染。

每个二十来岁的女孩，在生活中说话，都要从礼出发，因为懂得礼貌性地说话，是一个人最基本的素质，人们对那些没有素质的人往往采取的都是敬而远之甚至是厌恶的态度。

言多必失，沉默是金

西方有一句著名的话："雄辩是银，倾听是金。"这告诉我们：在个别交往中，尽可能少说而多听。这是一种修养，也是一种礼仪。但在我们身边，经常会有这样的人，他们喜欢多说话，以显示他们的博古通今。但是，社会经历丰富的人都知道，大多数事情，不说比说更有效。可见，学会沉默，用心倾听能够获得对方的好感，这是成功交际的秘诀。

话"礼"话外

日本公司与美国公司正进行一场贸易谈判。

谈判一开始，美方代表便滔滔不绝地向日本商人介绍情况，而日方代表则一言不发，只顾埋头记录。

美方代表终于讲完后，寻求日方代表的意见。日方代表如同大梦初醒一般，说道："我们完全不明白，请允许我们回去探究一下。"

于是，第一轮会谈宣告结束。

几个星期后，日本公司更换另一个代表团，谈判桌上日本新的代表团一再申明自己不了解实际情况。

美方代表毫无办法，只好再次给他们讲解了一遍。

谁知，讲完后日本代表的态度依然不明朗，仍然要求道："我们完全不明白，请允许我们回去研究一番。"

于是，第二轮会谈再次宣布休会。

过了几个星期后，日方又一次派代表团，在谈判桌上故伎重演。唯一不同的是，这次，他们告诉美方代表只要有讨论结果立马通知美方。

一晃半年过去，美方没有接到任何通知，认为日方缺乏足够的诚意。就在这件事几乎不了了之的时候，日本方面突然派了一个由董事长亲自率领的代表团飞抵美国谈判，抛出最终方案，以迅雷不及掩耳之势逼迫美方加速谈判进程，使人措手不及。最后，日方得到了理想的结果。

这场谈判成功的关键在于一句俗话“会说的不如会听的”，听出门道再开口，而开口便伤对方“元气”，不很高明吗？

有“礼”有面

沉默，是一种态度，一种独特的语言。不同的沉默方式也会产生不同的作用，运用时要恰到好处。

1. 不理不睬的沉默可让人摆脱无聊的纠缠

当你正因为某事忙得不可开交之时，同事却不知趣地想和你闲聊，或者有人找你去做你不愿意做的事情。这时，你应当尽可能地对他们一言不发，采取不理不睬的态度。过一会儿，他们见你对他的话毫无反应，一定会知趣地悻悻走开。

2. 毫无表情的沉默能让人深思

有些人发表意见时态度非常积极，但往往偏颇，令人很难接受。如果直截驳回，容易挫伤其积极性，如果循循诱导，又耗时费力，最好的办法就是毫无表情地保持沉默。他说什么，你尽管听，不发表什么意见，等他说够了，可用恰当的不带任何观点的中性词回答：“好吧！”或“你再想想。”别的不作多言。如此他回去后肯定会思索：今天谈得难道不对？对方为何不表态？错在哪里？或许他会向别人请教，或许自己也能悟出原因。

3. 转移话题的沉默能使人乐而忘求

对要回答的问题保持沉默，而选准时机聊些大家都喜欢的热门话题，使对方没办法插入自己的话题，这个人就会从谈话中悟出道理，知道检讨自己。

沉默是金，有时沉默不语能够出奇制胜，而滔滔不绝反而有理说不清。

女人要多说“我们”少说“我”

多说“我们”，可以缩短你和大家的心理距离，促进彼此之间的感情交流。

话“礼”话外

新婚宴尔，新娘对新郎说：“从此以后，就不能说‘你的’‘我的’，要说‘我们的’。”新郎点头称是。一会儿，新娘问新郎：“亲爱的，我们今天去哪儿啊？”新郎说：“去我表姐家。”新娘就不乐意了，纠正说：“是去我们表姐家。”新郎去洗手间，很久了还不出来。新娘问：“亲爱的，你在里面干什么呢？”新郎答道：“我在刮我们的胡子。”

这虽然只是一则笑话，可是它体现了一个问题，即“我们”这个词可以造成彼此间的共同意识，拉近双方的距离，对促进人际关系的融洽将会有很大的帮助。

有“礼”有面

人的心理是非常微妙的，同样是和人交谈，有人说话方式会令他人反感，有人说话方式却会令他人感到愉悦。例如演讲时说“你们必须深入认识这个问题”，便将听众和演讲者的距离拉远了，使得听众没办法与演讲者产生共鸣。假如改为“我们最好再做更进一步的讨论”，就会与听众之间的距离大大缩短，使气氛立马活跃起来，产生共鸣的良好效果。因此，会说话的人，在语言交流中，总会尽量避开“我”字，而用“我们”开头。以下几点建议可供女人参考。

1. 尽量用“我们”代替“我”

大多数情况下，最好用“我们”一词代替“我”，如此一来，可以大大缩短你和大家的心理距离，以促进彼此之间的情感交流。如：“我建议，今天下午……”可以改作：“今天下午，我们……好吗？”

2. 这样说话时应用“我们”开头

在员工动员大会上，你原本想说：“我最近做过一项调查，我发现40%的员工对公司存在不满情绪，我认为这些不满情绪……”假如你将上面这段话的三个“我”字转化成“我们”，效果就会发生转变。说“我”有时只可以代表你一个人，而说“我们”却代表的是整个公司，代表的是每个人，员工们自然较易接受。

3. 必须用“我”字时，以平缓的语调讲

一定要讲到“我”时，你最好做到语气平淡，既不将“我”读成重音，也没有必要把语音拉长。同时，目光不可逼人，表情也不可眉飞色舞，神态切忌得意扬扬，你要把表达的重心放在事件的客观叙述上，不要突出做事的“我”，以免让听的人感觉你自认为高人一等，认为你在吹嘘自己。

在人际交往中，“我”字讲得多并过分强调的人，会给人一种突出自我、标榜自我的印象，这会在对方和你之间筑起一道沟通的防线，这种情况下，想让别人认同你很难。

“黑色玩笑”，女人要远离

没有笑声的生活和没有幽默感的朋友都是无味的。与人交往，开个得体的玩笑可以松弛神经，活跃气氛，尽力创造出一个适于交际的轻松愉快的氛围，因为诙谐的人常能受到人们的欢迎与喜爱。但如果玩笑有人身攻击的成分，就是黑色玩笑了。黑色玩笑对人际关系的破坏力很强。其实，黑色玩笑体现着一个人性的弱点：面对一个人或一件事时会不自觉地挑刺，这是一种思维习惯。

话“礼”话外

刘艳是个机智灵活的女孩，上学的时候就因为开朗活泼、言辞幽默得到老师的喜欢，参加工作后更是因为总能逗大家开心，成了大家口中的“开心果”，身边更不乏朋友。她毕竟是大学毕业，在后勤部门已经一年多了，照说也该有变动，可是不知道为什么，就是没有升职。后来，她四处询问，才知道自己原来是不小心得罪了领导。看来还是喜欢开玩笑的毛病害了自己。

有一天，后勤部张主任穿了身新衣服来上班，灰西装、灰衬衫、灰裤子、灰领带。同事都没有说话，都在工作着，偏偏好动的刘艳看见了进来的张主任，于是高声地喊着：“哎呀，穿新衣服了？”张主任本身就害怕，怕她对自己指指点点，听了只是咧嘴一笑，没想到刘艳还没“放过”张主任，接着捂着嘴笑：“哈哈，像只灰耗子！”张主任听完，脸色发青，什么都没说，就径直去了办公室。

由于接连开过火的玩笑，张主任根本不愿意接触刘艳，以至于刘艳无法与领导经常沟通交流，工作自然也不会有什么起色了。

案例中，刘艳开的是个黑色玩笑。有点儿过火了，领导穿了新衣服，的确可以评价一下，但不能把领导比作“耗子”，这无疑是贬损了领导的人格和尊严，让领导颜面尽失。当然，刘艳开这个玩笑是无心的，但在领导听起来，却不高兴了。如果刘艳换一种评价的方式，比如说：“您今天这身新衣服真显气质！”那恐怕张主任对刘艳又是另一种看法了。可见，开玩笑也要讲究分寸，如果玩笑开得不好，不仅达不到聊天的本来目的，还可能适得其反，伤害彼此的感情。

有“礼”有面

如果玩笑开得不好，不仅伤害感情，而且会让自己的形象全失，因此开玩笑要掌握好分寸。

1. 内容要高雅

笑料的内容取决于开玩笑者的思想情趣与文化修养。内容健康、格调高雅的笑料，不仅给对方精神的启迪和享受，也是对自己美好形象的有力塑造。

2. 态度要友善

与人为善，是开玩笑的一个原则。开玩笑的过程，是感情互相交流传递的过程，如果借着开玩笑对别人冷嘲热讽，发泄内心厌恶、不满的感情，那么除非是傻瓜才识不破。也许有些人不如你口齿伶俐，表面上你占到上风，但别人会认为你不尊重他人，从而不愿与你交往。

3. 开得适时，开得恰当

玩笑是要开的，但要开得适时，开得恰当，开得合理。不然，就不会达到好的“笑果”。朋友之间相处，开玩笑是经常发生的事，这不是什么坏事，但开玩笑要把握好“度”，掌握好分寸，千万不能违背礼仪。

做女人不可在背后议论他人

中国有句老话，叫“静坐常思己过，闲谈莫论人非”。这就是教导人们在生活中做好本职工作，不要在背后对他人的事情说三道四。一个善于和别人交往，并受别人喜欢的人，必定是一个平日里说话有度的人，一个从不乱说别人闲话的人。

话“礼”话外

小丽在公司业务能力很强，经理准备提拔她当业务副经理。但是同公司的另外一名员工小梦，也相当优秀。只不过，小梦在形象气质方面不如小丽。看到小丽春风得意的样子，小孟心里虽然很不爽，但是她知道自己的劣势在哪里，所以她告诉自己："不要管那么多了，努力就是了！机会是留给准备充分的人。现在我的条件可能没有那么优秀，但是通过努力，我会成功的。"

3 天后，任命下来了，成为业务副经理的不是小丽，而是小梦。这个结果，令小梦都感到吃惊，更不用说小丽了。这是为什么呢？

原来，在任命下来的前一天，小丽在卫生间与另一位同事小李说小梦的是非。她得意扬扬地对小李说："这个业务副经理的职位肯定是我的。那个小梦，也不撒泡尿照照，自己是什么学历，敢和我争这个职位。哼，你看她那笨拙的体形，上楼都喘，而且穿着打扮还那么土。唉，和这样的女人竞争，我都觉得寒碜！"小李也附和说："是啊，这个职位肯定是你的，我就等着你请客咯。"

小丽可能是被兴奋冲昏了头，忘了隔墙有耳，居然敢在公司公共卫生间谈论这种话题。她对小李说的话，全部被正在上厕所的经理听到了。经理对小丽很失望。当小丽跑来找经理申诉时，经理把那天在卫生间里听到的话，全部都说了。小丽听后万分愧疚，但是，后悔也来不及了，因为她在经理心目中的地位早已不如从前。

有"礼"有面

说闲话的人看起来是春风得意，但是周围耳目众多，你能说闲话，别人也能说。你的话传到了当事人耳朵里，叫其他人今后怎么看你呢？他们还会相信你吗？所以，女人千万不要让自己成为一个说闲话的小人。

因此，在日常生活中，我们要做到：

（1）时刻告诫自己，无论如何不要说别人的闲话。我们应多讲些别人的好话，常说些祝福人的话。

（2）不说闲话，同时也不要去传播闲话。我们除了不要做"长舌妇"，若有人向你说他人的闲话，你要制止他。

小测一下

你是不是嘴巴毒辣无比的女人?

你觉得下列哪种美容手术最容易让人看出破绽?

A：割除眼袋　　B：隆鼻

C：割双眼皮　　D：丰胸

心理透析：

选 A 毒舌指数：★★

你只是爱打听一些是非八卦，不过是用来打发无聊的时间，你会听听不同人的看法，然后用比较客观的态度评论人家的事。在这个唯恐天下不乱的社会里，还有你这样愿“主持公道”、就事论事的人，可以说已经不多了。

选 B 毒舌指数：★

你是一个心地还算善良的人，和别人计较的少，对别人的所作所为，你也认为那是个人的私德，与你无关。有时候你还会有点矫枉过正，害怕知道别人太多的私事，自己不知道该怎么面对，干脆就当自己不知道，实在有点避嫌避过头了。

选 C 毒舌指数：★★

你不算是一个恶毒的人，不会抓住别人的小辫子不放手，对对方赶尽杀绝，你可能会说几句暗示性话语，达到威吓的目的就够了。你也希望别人知道自己不是个会受欺负的人，别人越是不想让你知道的事，你越会想办法搞清楚。

选 D 毒舌指数：★★★★

你是一个眼光犀利、口舌毒辣的人，任何你觉得碍眼的事，你都会批判得体无完肤，能让别人剩下半条命已经算是烧高香了。你的正义感告诉你应该把一切都放在阳光下，但是你太过严厉，会不可避免地伤及无辜。